大学でのピア・サポート入門

始める・進める・深める

企画
日本ピア・サポート学会

編著
春日井敏之
増田梨花
池　雅之

ほんの森出版

大学でのピア・サポート入門

始める・進める・深める

・・・・・・・・・・もくじ・・・・・・・・・・

大学でのピア・サポート入門

始める・進める・深める　もくじ

第3部　理論編　深める

はじめに

　　ピア・サポートに関する研究、実践は、移民を多く受け入れ多文化共生社会をつくろうとしてきた1970年代のカナダから始まり、欧米諸国からアジア諸国へと広がってきました。日本における研究、実践は、1990年代に海外研修、調査研究から始まり、2002年には日本ピア・サポート研究会が誕生し、2005年の日本ピア・サポート学会の創設へとつながっていきました。現在、学会の基本方針では、「ピア・サポートの『相手も自分も尊重し支え合う』理念が、すべての子ども、同僚、異業種の方々、さらに各家庭、各職場等において実感できるよう実践と研究を深め、ピア・サポートの大きな輪が広がっていくことを願っています」と、未来への指針が述べられています。

　　なぜ私はこの学会に参画してきたのか。それは、構成的グループエンカウンター、アサーショントレーニング、ソーシャルスキルトレーニング、ブリーフカウンセリングなど、これまで蓄積されてきた知見に学びながら、「相手も自分も尊重し支え合う」という理念のもと、スキルアップがゴールではなく、「プランニングをして実践していく」という点に惹かれたからです。

　　私は、大学でのゼミも、ピア・サポート活動の場だと考えてきました。あるゼミ生（15人のゼミ生と２年間ともに学び、自身の不登校経験を卒業論文にまとめた女子学生）が、こんなことを書いていました。「自分を見つめる時間をもらえたことで、多くの人やモノに支えられていることに気づくことができた。中学校の頃は、完璧でなければ自分がいる意味がないと考えていたが、周囲の支えがあってこその自分であることに感謝するようになった。同時に、自分に欠けているものがあっても、自分で補おうとするのではなく、周囲に助けを求められるようになったことも大きな変化であったように思う。完璧でない自分と、それを助けてくれる人をこれまでの人生で得た自分が『本当の私』であると思えるようになった」と。

　　日本にも、「困ったときはお互いさま」という言葉があります。これが、日本流のピア・サポートの理念ではないでしょうか。学校、家庭、地域・社会、世界における人とのつながりが希薄化し、自分のこと、自国のことしか考えない状態が続けば、さまざまな感染症の拡大や環境破壊、紛争などは激化し、人類存続の危機は深まるでしょう。「地球市民としてつながって生きる」ことの意味を、ピア・サポート活動を通して考え実感していく若者が増えることを期待し、『大学でのピア・サポート入門』は発刊されました。

　　2020年4月

　　　　　　　　　　　　　　　　　　　　　　　　　春日井　敏之

第１部

入門編　始める

始める

青年期の発達課題と大学における学生支援 なぜ今、ピア・サポート活動なのか

春日井　敏之（立命館大学）

1．新型コロナウイルス感染拡大に伴う休校措置と学校の役割

　2020年は、新型コロナウイルス感染が世界中に拡大するなかで、その幕を開けました。日本国内では、首相によって3月2日から春休みまで全国の小学校、中学校、高等学校、特別支援学校などへの休校要請が出され、その影響は大学にまで及びました。卒業式、入学式などもとりやめ、あるいは縮小となり、休校措置は4月7日に出された緊急事態宣言とその延長によって、5月末まで、3か月間引き続く事態となっていきました。

　長期の休校になって、さまざまな学校生活のプレッシャーから解放されたように感じた子どももいることでしょう。家族でこんなに長く一緒に過ごす時間はこれまでになかったという声もありました。しかし逆に、ゲームやテレビ浸けの生活、昼夜逆転の生活、運動不足やストレスの蓄積、勉強の遅れと保護者の休業などによる経済格差の拡大、虐待などのリスク、一人での留守番生活、友達と会えない生活、学校生活への思い残し、長い休校から再登校への不安、感染拡大への不安などに直面しながら生活をしている子どもたちも多く生まれました。

　この間、学校現場では、ICTの活用によるオンライン授業の工夫や家庭訪問等がなされていきました。しかし、学校や家庭におけるオンライン環境の有無や整備状況の差が、新たな地域、学校、家庭などにおける格差問題として浮上してきました。教育の機会均等という憲法の定めからも、教育行政の果たす役割と責任が大きく問われることとなりました。

　同時に、普段当たり前のこととしてとらえられていた「学校に通うこと」の意味について、児童生徒、学生、保護者、教職員、教育行政など、教育にかかわるそれぞれの立場から、とらえ直す重要な機会となっていったのではないでしょうか。例えば、ICTの環境が整ってオンライン授業が効率よくできるのであれば、学校に通う必要がなくなるという意見も出てくるかもしれ

ません。しかし逆に、長い休校措置によって、学校の持つ機能、すなわち学校は協同の学習の場に加えて、協同の生活の場、出会いと交流の場、家族の仕事や生活を支える場、セーフティーネットの場、ケアの場などとして重要な役割を担っていることが、明らかになってきたのではないでしょうか。それは、大人と子どもの関係だけではなく、「友達に会いたい」という子ども同士の関係のなかで、学校は機能をより発揮していくこともはっきりしてきました。

　ここに、大学も含めて、学校現場において子ども同士、学生同士がかかわり、双方向の関係を深めていくピア・サポート活動を展開していく現代的意味があると考えています。

2．青年期の発達課題と学生支援

（1）青年期の発達課題と葛藤、失敗体験の意味

　思春期・青年期は、受け身で誕生したいのちが、もう一人の内なる自分と出会い、人生の主人公として主体的に社会とつながって生きようとするからこそ、「第二の誕生」と呼ばれます。学生たちは、これまでの家族、学校、地域などにおける他者とのかかわりを通して、多かれ少なかれ「お世話になってきた」という気持ちを持っています。その気持ちは、だからこそ「誰かを助けたい」「誰かのために役に立ちたい」といった気持ちにつながっていきます。それが人としての生き方やあり方につながり、具体的には、働くこと（職業選択）、愛すること（性と生）、社会参加すること（仕事以外等）を通して自己実現に向けた模索が行われていくのです。

　自分の人生の主人公になるということは、それまでに、家族や周囲の人々が、よかれと思って敷いてくれたレールをいったん相対化し、隣人、社会、世界へと視野を広げながら、自分のペースでしたいことにこだわって、自分と誰かのために生きていくことでもあります。これまでの自分も対象化し、「自分は何者なのか。どんな人間になりたいのか。何のために生きているのか。何を一番大切にしたいのか。そのために何をするのか」などと問い直していきます。時には、道草や寄り道や遠回りなどもあるでしょう。これまで大きな挫折をしてこなかったような学生に対しては、自己責任論で孤立へと追いやるのではなく、むしろこうした自己決定を尊重し、葛藤や失敗体験を大切にしながら、継続的に応援していくようなキャリア教育、進路選択が大切になっているのではないでしょうか。

　実際、内閣府（2010）によるひきこもり当事者への実態調査によれば、複数選択ですが、「ひきこもりになったきっかけ」についての質問に対して、

高校・大学卒業までは大きな挫折もなくしのいできたと思われる若者たち
が、「職場になじめなかった」（23.7％）、「就職活動がうまくいかなかった」
（20.3％）ためにひきこもりとなってしまったケースが計44.0％と、非常に高
い割合を示しています。逆に、小・中学校、高等学校の不登校の延長として
のひきこもりは11.9％にとどまっているのです。これは何を意味しているの
でしょうか。小・中学校、高等学校在籍中に不登校となり、SOS（援助希求）
が発信できたことの意味は大きいのではないでしょうか。つまり、排除され
ない環境のもとで、学校にいる間に失敗付きの練習ができたということで
す。そのときに教師、スクールカウンセラー、相談員や「親の会」等、子ど
もや保護者にとって援助者とのいい出会いがあったことが、卒業して社会に
着地した後もSOSが上手に発信できたり、逆に他者を援助する仕事や生き方
の選択につながっているようなケースは、私がかかわってきた若者のなかに
も多く見られます。

（2）学生に伝えていること

　2019年の文部科学省「学校基本調査」によれば、2018年の高等学校卒業者
約105万人に対して、大学・短期大学への進学率は前年と同率の54.8％、専
門学校進学率は16.3％、就職率は17.6％と報告されています。少子化によっ
て、大学には入りやすくなっていると言われながらも、大学・短期大学への
進学率は、近年の変化を見るとほとんど横ばい状況にあります。そこからは、
経済的事情などといった社会的格差の問題や職業意識を明確に持っている学
生の専門学校進学といった傾向も見えてきます。

　私は、毎年文学部で新入生を迎えたときに、次のことを強調して伝えてき
ました。「みなさんは比較的恵まれた環境と自身の努力によって大学に入学
し、こうして出会うことができました。しかし、大学に進学できているのは、
同じ世代の約50％余りです。だからこそ、みなさんには、大学での学びを自
分自身のためと同時に、大学に進学しないで働いて社会を支えている同世代
の仲間や自分につながる社会、世界の人々のために活かしていってほしいと
期待しています。自分が努力して学び得たものを自分のためだけに使うの
は、もったいないじゃないですか。学ぶことによって、人間や社会をより深
くとらえ、そこに潜むさまざまな課題を見つけ、その課題に取り組んでいっ
てください。それを形にして、本当に伝えたい人に伝えていくことが、卒業
論文や卒業研究になっていくのです。そして、卒業するときには、この大学
が第一希望になることを願っています。そのために一緒にやっていきましょ
う」と。

　大学には、第1には、研究・教育・実践を通して学生を育てながら、社会

的課題の探究と解決に向けて、その役割を果たしていく責務があります。そのためにも、第2には、学生にとっても協同の研究・教育・実践の場であることに加えて、協同の生活の場、出会いと交流の場、セーフティーネットの場、ケアの場などとして、その機能を果たしていくことが求められています。その際に重要なことは、こうした取組は、大学の教員、職員対学生の間で行われるだけではなく、失敗付きの練習も含めて、学生同士の関係のなかで行われることで、より効果を発揮してきているということです。まさに、学生による学生のためのピア・サポート活動が求められているわけです。

3．大学におけるピア・サポート活動の可能性

（1）多様な学生実態を踏まえた支援と学生の参画

　大学における学生の多様化について、どのようにとらえていったらよいのでしょうか。当然のことですが、学生実態を踏まえる必要があります。

　1つには、学修に関する課題（初年時教育、アカデミックリテラシーなど）です。基礎的な学力が乏しくて苦戦している学生、初年時の小集団授業のグループワーク等にうまく入れない学生、学力はあるが問題意識が乏しくて卒論のテーマが決められずなかなか書けない学生、アルバイトで自活し学費や生活費を稼ぐために授業に来にくくなっている学生などが気になります。

　2つには、人間関係に関する課題（社会性・協働性）です。友達が欲しいけれども、気遣いしてしまいコミュニケーションが苦手な学生、異なる文化、習慣、人間関係になじみにくい留学生、周囲からの評価を気にして自分を語れない学生、今まで一人で頑張ってきたために上手にSOSが出せない学生などが気になります。

　3つには、自己意識に関する課題（自己理解、自立性）です。客観的には力量があっても強い自己否定感を抱えている学生、親から自立して生きたいのにその呪縛に囚われ葛藤している学生、発達特性などがあり周囲との違和感を抱えてなじめないでいる学生、ストレスマネジメントがうまくできずに身体化、行動化してしまう学生などが気になります。

　これらの状況がいくつか重なった場合には、留年や中途退学といった事態に至る学生も少なくありません。しかし、これらの状況は、必ずしもマイナスにだけ働いているのではなく、異なる状況・環境にあり、多様な価値観を持つ学生同士が、お互いの違いを認め合いながら交流し、補い合い、学び合う場が生まれ、そのなかで学生が成長していくというプラスの側面も生んでいます。これは、仲間同士が支え合い、支援を受ける側も支援をする側もお互いに成長していく、しかも支援する側、される側の関係は固定的ではない

というピア・サポートの理念の具現化でもあります。

　こうした実態を踏まえて、学部での初年時教育の工夫、ICT環境の整備、奨学金制度の拡充、および学生サポートルーム、障害学生支援室、キャリアセンター、国際教育センター等における取組が行われています。その際に、多くの大学では、それぞれの分野における学生支援の取組が、教員・職員対学生という固定的な構図にとどまるのではなく、先輩として理論知、経験知、スキル等で強みを持つ学生の参加・参画を求めながら、有効な支援が探求されてきました。こうして、日本の大学におけるピア・サポート活動の土台がつくられていきました。大学による予算措置に加えて、教育行政機関等による補助金が付けられるといった条件のなかでの広がりも見られました。

（2）学生への多様な支援、ピア・サポート活動の展開と課題

　その分野は、立命館大学では次の5分野に広がっています（春日井、2011）。

①1回生の小集団教育にかかわり、「学習、学生生活、自治」の視点から多岐にわたり新入生支援を行う学生スタッフ。学生部が支援。オリター、またはエンターと呼ばれている。

②さまざまな学生支援組織の募集に応じて必要な研修を受け、各分野で学生支援にかかわる学生スタッフ。レインボースタッフ（情報サポート）、ライブラリースタッフ（図書館利用サポート）、学生広報スタッフ（オープンキャンパス、高校生へのキャンパス案内）、障害学生支援スタッフ。

③留学を希望する学生や留学生への支援を行う学生スタッフ。国際部が支援。留学アドバイザー、留学生支援スタッフ、バディ。

④授業支援を行う学生スタッフ。教学部が支援。前年度の受講生のなかから募集し、グループワークの進行補助、コミュニケーションペーパーの回収・整理などを行うエデュケーショナル・サポーター（ES）、院生から募集し、実験・実習などにおける授業補助、課題レポートの添削などを行うティーチング・アシスタント（TA）。

⑤進路、就職の相談や3回生演習（ゼミ）におけるキャリア支援を行う学生スタッフ。キャリアセンターが支援。3回生ゼミから選出されて進路、就職情報の共有とキャリアセンターと連携した支援を行うプレスメント・リーダー（PL）、進路、就職活動を終えた4回生が、1、2回生のキャリア形成を支援するジュニア・アドバイザー（JA）。

　全国の大学でも、無償・有償も含めて、このような取組が行われています。しかし、ピア・サポート活動とボランティア活動とは、どこが違うのでしょうか。支援体制は確実に整いつつありますが、学生支援に必要なスキル獲得のための研修等は、どこまでできているのでしょうか。教育行政機関等によ

る補助金が打ち切られた後の大学の支援体制は、継続されているのでしょうか。ピア・サポート活動として重視している支援を行う学生への支援体制と、成長を実感しあうようなリフレクション（振り返り）の場は持たれているのでしょうか。特に、すべてのピア・サポート活動の共通基盤である傾聴を軸としたコミュニケーションスキル、自己理解・他者理解に関する研修は、どのように行われているのでしょうか。

　これらの視点は、これから取組を始めようとしている大学だけでなく、これまでにピア・サポート活動の取組を進めてきた大学にとって、その内実化を図っていくうえで重要であると考えています。

（3）学生の普遍的な願いと強みを活かす

　一方、立命館大学の学友会（自治会）が行った新入生対象のアンケート結果（立命館大学教学部、2009）を見ると、「大学でやりたいこと、望むことは何ですか」という問いに対して、「高度な専門の学び」29％、「幅広い教養の学び」17％、「他の学生との学び合い」16％、「自身の生き方、キャリア形成」13％といった結果が出ています。このような学生の普遍的な願いを踏まえながら、大学における学びの展開を検討する際に、本学の学生の強みとして、次の3点をあげることができます（春日井、2020）。

① 4年間を通した小集団教育（基礎演習、実習・講読、演習など）において獲得する集団としての教育力と個の成長

② オリター、エンターと呼ばれる学生スタッフなど、さまざまな学生のピア・サポート活動を通した相互の成長

③ 学生の課外活動への参加率の高さと、正課と課外の枠を超えて社会とつながるアクティブな学びによる実践力の獲得

　本学学生部調査によれば、2018年度の学内のサークルなどに所属する課外活動への参加率は61.4％と高い水準を維持しています。全国の大学が多様な学生を受け入れているなかで、学生の強みと課題を踏まえ、入学後の伸びしろが大きい学生をどう育てていくかが、大学の社会的責任となっているのではないでしょうか。

〈参考文献〉
春日井敏之（2011）「学びのコミュニティとピア・サポート活動—新入生支援、障害学生支援」春日井敏之・西山久子・森川澄男・栗原慎二・高野利雄編著『やってみよう！　ピア・サポート—ひと目でポイントがわかるピア・サポート実践集』ほんの森出版
春日井敏之（2020）「立命館大学の学びの仕組みとピア・サポート」立命館大学『未来を拓く—ようこそ立命館へ—』
内閣府（2010）「若者の意識に関する調査（ひきこもりに関する実態調査）」
立命館大学教学部（2009）「立命館大学学友会新入生アンケート2006～2008」

大学におけるピア・サポート活動の可能性

増田　梨花 (立命館大学)

1．大学におけるピア・サポート活動の広がり

　ここ数年、多くの大学でピア・サポート活動が導入され始めました。日本ピア・サポート学会総会・研究大会でも、また日本ピア・サポート学会の研究紀要『ピア・サポート研究』にも、大学生や大学院生のピア・サポート活動に関する研究論文や実践研究が掲載され始めています。

　ただ、一言でピア・サポート活動といっても、その活動の取組の内容は大学によってさまざまです。それは日本国内のみならず、海外でも同様です。中田（2005）が記述しているように、地域の風土や雰囲気によっても、必要とされるサポートのあり方は異なり、国内外での大学のピア・サポート活動は多岐にわたります。

　筆者は、2018年夏、カナダのピア・サポートの第一人者であるトレバー・コール（Trevor Cole）氏のお宅を訪れ、大学生に必要なピア・サポート活動についてインタビューを行いました。トレバー氏曰く、大学生の大学の適応には3つのポイントがあるということです。1つ目は「スタディ・スキルの学習と獲得」、2つ目は「社会性：ソーシャルスキル」、3つ目は「情緒の安定」。トレバー氏自身のカウンセラーとしての経験のみならず、その研究からも、豊かな人間関係（友人関係・教員との関係等）をうまく活用し、多様なスタディ・スキルに適応し、そのスキルを十分に活用して、自分の目的に向かって進んでいく学生は情緒も安定しているとのことでした。

　この3つのポイントから、トレバー氏は大学生のピア・サポート活動を「写真を映すときに使用する三脚」にたとえ、「この3つの脚を大学時代にきちんと学生が獲得すれば、将来どんな不安定な地面（移民の多い国カナダのこと？）にでも、適応できるよ！」、また「僕はすごいよ！　僕の脚は病気のため切断して1本になったけれど、ピア・サポートを研究してきたから、まだ3脚分あるよ」と明るく語ってくださいました。

２．新入生へのピア・サポート活動の取組

　前述のとおり、ここ数年の間に大学生や大学院生のピア・サポート活動に関する研究論文や実践研究が発表されています。なかでも、新入生がうまく大学に適応できるように、さらに新入生が大学で孤立し、引きこもってしまわないように予防することを目的にした上級生のピア・サポート活動の取組や、学生相談にピア・サポートを導入し、実際にピア・サポートのトレーニングを受けた上級生が新入生や下級生の個別の相談にのるという活動（伊東、2007）もあります。

　たしかに、多くの新入生は大学入学前のつい数週間前までは高校生、もしくは予備校生でした。日本の中等教育（予備校も含む）での授業の大半は、受動的な学びを前提としています。日本の場合は、多くは学校で準備され、指定された教科書や教材を授業で使用します。授業中にディスカッションをしたり、ディベートをしたりするようなスタディ・スキル、すなわち学習をするために必要なスキルを生徒がほとんど獲得することなく、大学に入学します。ところが、大学での学習形態は大きく異なります。グループでの意見交換を目的としたグループワーク、学生自らの意見が求められる少人数制のディスカッション、自ら調べたことをレジュメに起こし、プレゼンテーションをする板書のない講義、学外でのフィールドワーク、レポート作成等、大学生になったとたんに大学の授業形態は多様になり、戸惑い、不安になり、大学の授業形態に適応できなくなってしまう学生が少なくありません。

　筆者が経験したカナダの大学では、スタディ・スキルを教える科目として、フレッシュマン・セミナーといわれる科目があります。教員が授業時間いっぱい講義（レクチャー）を行うのではなく、むしろ講義は短くして、学生がスタディ・スキルを獲得することを目的にした活動や作業の時間を多く取り入れていました。さらに、それを振り返るスーパービジョンの時間も十分に確保されていました。トレバー氏のいう「３つのポイント」のうちの１つ目「スタディ・スキルの学習と獲得」の重要性を、筆者自身もカナダの大学の授業で体験することができました。

　フレッシュマン・セミナーの担当教員に話をうかがったところ、実際、カナダの大学でもITの急激な普及の影響を受け、先輩や後輩や友人関係、教職員と学生との人間関係の希薄化が課題となっており、だからこそ新入生のときにしっかりとスタディ・スキルを学習し、普段の授業や学生生活のなかで応用しながら獲得し、スキルを定着させていくことが重要であるということでした。

3．新入生のスタディ・スキル学習時のピア・サポート活動

　筆者の所属する立命館大学では、全学的に初年次教育の中心に「基礎演習」という、30〜40名程度の小集団教育を位置づけています。ここでは、ピア・サポーターとして2・3回（年）生のオリターやエンターと呼ばれる学生が3〜4名、新入生の各クラスに配置され、新入生の「学習、学生生活、自治」を支援する役割が大切になっています。また、授業を補助する大学院生のティーチング・アシスタント（TA）や、上級生が自らの学びを踏まえて支援するエデュケーショナル・サポーター（ES）などのピア・サポーターには、後輩に学びの姿勢や方法を伝えていくことが期待されています。

　筆者はその基礎演習の授業を担当しています。この授業では、小グループに分かれてブレーンストーミングを行い、マインドマップ（図1）を作成しながら進めていきます。また、「ジグソー学習」を取り入れ、発展させて、以下①〜⑥のような授業の形態をとっています。

①クラス全体で1つのトピックを決める。小グループに分かれて、そのトピックについて共有する。ブレーンストーミングを行いつつ、マインドマップを作成する。可視化されたマインドマップを見ながら、グループで考えや経験を共有する。

②マインドマップに描かれたブランチ（サブトピック）の担当を決める。

③サブトピックごとにグループに分かれ、小グループで話し合われた内容を確認しあい、感じたこと、考えたこと、疑問に思うことなどを共有する。

④サブトピックについて各自で調べ、レジュメを作成する。その各自で作成したレジュメの内容をグループ内で発表し、他のグループ員からの質疑に応答し、さらにサブトピックの内容について深め広げる。

⑤グループごとにパワーポイントを作成し、クラス全体に向けてプレゼンテーションを行う。

⑥サブトピックについて、レポートを各自で作成し、教員に提出する。

　以上がジグソー学習の流れの一部ですが、新入生の授業で上記のような学習形態をとりながら、学生がスタディ・スキルを学習し獲得していくプロセスをたどります。

　この授業で大いに活躍しているのが、大学生のピア・サポーターたちです。ピア・サポートのトレーニングを経験した上級生が新

図1　マインドマップ

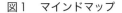
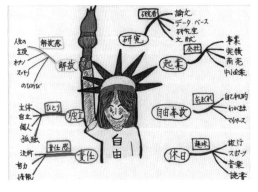

入生の授業にボランティアとして参加し、新入生の授業のサポート活動を行います。具体的には、以下のような活動が実際に行われていました。

ノートテイキングの方法：授業で聴いたことをわかりやすく記録するスキルを下級生にアドバイスする。

質問の方法：小グループ内で質問をする際に、相手に伝わりやすく、回答を引き出しやすい質問をするスキルを下級生にアドバイスする。

図書館利用法：学生がレジュメやレポートを作成する準備の際に、図書館の基本的な利用の仕方をアドバイスする。

図書館活用法：学生がレジュメやレポートを作成する準備の際に、図書館で資料を検索する方法、情報を収集する方法をアドバイスする。

レポート・レジュメ作成法：相手にわかりやすいレポートやレジュメを作成する方法をアドバイスする。

プレゼンテーションの方法：自分の意見を効果的に相手に伝えるスキルをアドバイスする。

時間の管理方法：レポートなどの提出の際に、自らスケジュールを立てて、プロセスをきちんと実行していく方法をアドバイスする。

　以上の活動は、新入生のスタディ・スキル学習を目的とした授業で行われた上級生のピア・サポート活動の一部を紹介したものです。前述のトレバー氏によれば、新入生のスタディ・スキルの授業に、上級生であるピア・サポーターが参加することで、上級生自らが新入生のときの授業での戸惑い、不安になった経験を活かし、より新入生に寄り添った授業のサポートを行うことができるということでした。また、「その経験は、ピア・サポーターにとってもスタディ・スキルを再度身につける機会となり、さらに新入生にとっても、1年後や2年後の自分をイメージでき、先輩が新入生のモデルとなります」ともおっしゃっていました。

4．高校生のスタディ・スキル学習における大学院生のピア・サポート活動

　トレバー氏によると、2018年夏にうかがったときには、「スタディ・スキルの学習と獲得」「社会性：ソーシャルスキル」「情緒の安定」の3つを柱にしたピア・サポート活動は、カナダでは、小学校で約70％以上、中学校・高校では約90％以上、大学に至ってはほぼ99％以上で取り入れられているということでした。2002年には、レイ・カー（Rey Carr）氏は「（カナダの）小学校50％、中学校や高校で25～30％、大学では90％以上がピア・サポートのプログラムを持っています」と話しています（日本ピア・サポート学会第6次海外研修報告書「School Counseling Peer Support In Victoria」における「第1回国際ピア・

サポート・パネルディスカッション」）。トレバー氏に、16年間でカナダの小・中・高校のピア・サポート活動が急速に伸びている理由について質問してみたところ、「ピア・サポートの種があちこちに播かれて、教師として勉強の知識のみを教えるインストラクターではなく、ファシリテーター（促進者）が増えたことにより、初等教育や中等教育にもピア・サポートが広がっているのです」とおっしゃっていました。

　筆者の所属する立命館大学人間科学研究科では、大学院生が日本ピア・サポート学会のピア・サポート・コーディネーターの資格を持っている大学教員にトレーニングを受けます。その後、その大学院生がピア・サポート・トレーナーとして、ピア・サポートを主軸としたスタディ・スキル学習授業計画を立案し、実際に立命館大学附属高校や近隣の高校に出向き、高校の先生と協働で授業を行うというピア・サポート活動を行っています（この活動内容に関しては第3部理論編3も参照）。

　このピア・サポート活動で力を入れているのは、授業内でリフレクションの時間を設けていることです。毎回授業の終了10分前には、高校生に授業の振り返りを記述してもらい、提出されたリフレクションペーパーに大学院生が真摯に向き合い、一人一人にコメントを記述し、次回の授業で返却するという作業を行っています。このリフレクションペーパーでは、高校生が授業の進め方についてどのように感じているかを知ることができ、またその日の授業のテーマに対しての高校生の理解の程度や状況を把握することができます。特にそのリフレクションは授業実施直後に記述されたものであるため、実態を直接的にかつ具体的に知ることができ、次回の授業ではそれらをもとに改善を行うことができるのです。

　この作業は大学院生にとっては思いのほか大変な作業ですが、この作業を積み重ねるプロセスのなかで、大学院生はさまざまな葛藤を抱えながらも、リフレクションにコメントをする知識やスキルを習得し、それを活かして他の活動にも応用していくことができるのです。そして、何よりも大学院生がトレバー氏のいうように「インストラクターではなくファシリテーター（促進者）として」高校生のよきモデルとなり、さらにスタディ・スキル学習を通してピア・サポートを学んだ高校生が大学生となった暁には、すでにピア・サポートの種から小さな芽が出ていることが、今後のピア・サポートの促進にもつながるに違いありません。

5．高等教育修了後の展望

　ピア・サポート活動の実践は、移民を多く受け入れている多文化社会で広

がり、カナダでは1970年代に、ブリティッシュコロンビア大学（UBC）のレイ・カー氏の指導で始まり、その後、小・中・高校におけるトレーニング・マニュアルが具体化されました。それが現在では、チャイルドケアー（幼稚園・保育園）の幼児教育、さらに地域、企業、高齢者、障害者などさまざまな分野に広がり、活動が展開されています。

　例えば2019年のラグビーワールドカップでのカナダチームのピア・サポート活動は記憶に新しく、カナダでピア・サポートを学んだ筆者にとって、その記事を目にしたとき、大変うれしく誇らしい気持ちになりました。

　「台風19号の影響で、本日の試合が中止となったカナダ代表がそのまま釜石の街に残り、ボランティア活動を行いました。今大会最終戦は戦わずして終えるという無念の結果となりましたが、選手たちの姿は釜石の街中にありました。台風が直撃した余波で泥が堆積している路上、屈強な大男たちはラフな私服姿のままスコップを持って泥を集める。また別の選手たちはポリ袋を持って清掃作業に没頭しています」。大会公式Twitterでは、このような紹介文とともに実際のカナダチームの様子を画像・動画で紹介し、「カナダ代表の誠意と思いやり溢れる行動に心から感謝します」と綴られていました。

　学生時代にスタディ・スキルを獲得し、自ら定着させ、他のメンバーと共に協力しあいながら、人間関係を円滑に進めていくソーシャルスキルを獲得したカナダチームのメンバーらが社会人になり、自国を離れた異国の地で、しかも台風が直撃した余波で泥が堆積し、ぬかるんだ路上でピア・サポート活動を行っているという記事を目にしたとき、筆者はトレバー先生の「３つの脚を大学時代にきちんと学生が獲得すれば、将来どんな不安定な地面にでも、適応できるよ！」という言葉を思い出しました。

　このように、カナダのピア・サポート活動は単に学校領域にとどまらず、会社や企業等のビジネス界や産業界にも展開し、数多くの会社や企業の一般の従業員から役職まで「Peer to Peer」で互いに助け合うプログラムが実践されています。

〈参考文献・引用文献〉
ブザン、トニー／バリー・ブザン（近田美季子訳）(2013)『新版 ザ・マインドマップ―脳の無限の可能性を引き出す技術』ダイヤモンド社
伊東孝郎 (2007)「白鷗大学におけるピア・サポート活動―開始２年間の考察」『白鷗大学発達科学部論集』３（２）、41-66頁
中田行重 (2005)「臨床心理学の概観」中田行重・串崎真志『地域実践心理学―支えあいの臨床心理学へ向けて』ナカニシヤ出版、7-16頁

これからピア・サポート活動を始めるにあたってのポイント

池　雅之（高知工科大学）　松田　優一（関西大学）

　　ピア・サポート活動を始めるにあたって押さえておくべきポイントや考え方を紹介していきます。活動を導入する際のヒントとなれば幸いです。

1．大学におけるピア・サポート活動ことはじめ

　　2007年6月27日付の『読売新聞』に「新入生がスムーズに新しい生活を始められるように、単位の取り方からキャンパスライフまで、先輩たちがアドバイスする『ピア（仲間）サポート』制度を導入する大学が増えている」という記事があります。そこでは、大学側が相談窓口を設ける背景として、かつての学生寮などでの上級生との語らいがなくなっていることが挙げられていました。1997年にピア・サポート活動を国立大学で初めて導入した広島大学では、新入生に限らず全学生からの悩み相談に応じており、2000年には常設の相談室が設けられたことも書かれています。そして、2005年に日本学生支援機構が全国の大学・短期大学・高等専門学校1192校を対象に行った調査が紹介され、名古屋大学、横浜国立大学などの国立大の33.3％、私立大の11.0％が、ピア・サポート活動など学生同士の相互支援の制度を導入していること、さらには「これまでのメンタルヘルス相談などに比べて、敷居が低く、新入生が相談しやすい特徴があり、全国に広まりつつある」とあります。

　　直近の2017年度の日本学生支援機構の調査では、全国の大学・短期大学・高等専門学校でピア・サポート活動を実施しているのは44.4％、うち大学では52.4％（国立大学88.4％、公立大学46.6％、私立大学48.0％）でした（日本学生支援機構、2018）。この12年間で、ピア・サポートを実施している大学は大幅に増加しているのです。

2．ピア・サポートの構造を知る

　　ピア・サポート活動を大学で始めるにあたって、最初に確認しておいてい

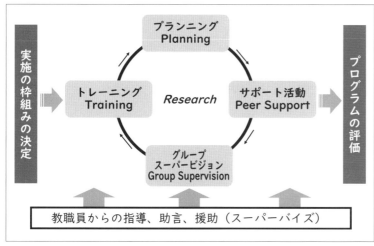

図1　ピア・サポートの構造

日本ピア・サポート学会（2017）を一部改変

ただきたいのは、ピア・サポート活動は「教育活動」であるということです。

　ピア・サポート活動は、学生が勝手に大学を変えてくれる、あるいは、大学が変わったと社会に認識してもらうための魔法の杖ではありません。専門的な知識・知見・経験を持つ者によるスーパーバイズのもとで行われる仲間同士の支援活動であり、支援する教職員の成長も期待されています。

　まずはピア・サポートの構造（図1）を知り、自分の大学でどのような実践が可能か、イメージを具体化させていくことが大切です。

3．ピア・エンゲージメントという視点を持つ

　ピア・サポート活動では、仲間同士の支援活動を通じた成長が連動し、支援する側も支援される側も互いの成長に貢献する関係性が生じます。こうした関係性をピア・エンゲージメントといいます（図2）。

　ピア・エンゲージメントは、傾聴をはじめとした「個別の支援に必要な知識やスキル」、そして「他者と協働して組織をマネジメントする力」に加え、以下の4つの要素から構成されます。

①自分と他者につながり、深い思いやりをもつ力（compassion）

②自分の感情や考えに気づき、深く理解する力（awareness）

③自分の状態を深く理解したうえで、マネジメントできる力（engagement）

④困難や脅威に直面している状況において、うまく適応できる力（resilience）

これらの力を身につけたうえで活動を行うことによって、持続可能な

図2　ピア・エンゲージメントとは？

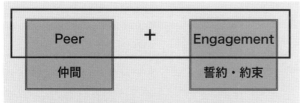

仲間同士の支援活動を通じた成長が連動し、支援する側も支援される側も互いの成長に貢献する関係性

松田・山咲（2020）

社会を支える豊かな人間性の獲得につながっていきます。ピア・サポート活動のトレーニング計画を練る際には、このピア・エンゲージメントの視点を持つことをおすすめします。

４．自分の立ち位置を確認し、立場に合った初動を

　今これをお読みになっておられるみなさんはどんなお立場でしょうか。教員、職員、学生と、それぞれの立場によって初動が変わってきます。

　また、大学がピア・サポート活動をどのように思っているかも重要な要素になります。大学は教職員によるピア・サポーター養成や研修などを実施する側になりますし、学生は大学の意向を受けてその大学に合ったピア・サポート活動とは何かを模索することになるでしょう。名称はピア・サポートであってもサークル中心の活動である場合もあります。

　また、教育系、心理学系、福祉系、医療系などの研究や実践の一環としてピア・サポート活動に取り組む場合もあります。特に医療系では「治療者ではない」ことの共通理解が重要です。同じ仲間としての、先輩としての、モデルの立場であるとの認識も大切でしょう。

大学教職員から始めるピア・サポート

　現在の高等教育は知識や技術を教えるというインプットではなく、主体的な学びから生み出されるアウトカム（学習成果）が問われている時代です。大学内外からの要請に応じて、教職員が導入のプランニングを行う場合、取組開始に向けて明確なビジョンとミッションの策定が不可欠です。加えて、ピア・サポート活動の効果をどのように測るのか、教職員の意識や理解を統一しておくことが重要です。

　また、ピア・サポート活動は、教育活動であるということを教職員が共通理解し、「学生支援スタッフ」と混同しないようにすることも重要です。大学におけるピア・サポートは、図３のとおり、旧来の課外活動等に見られる学生の自主的・自治的な活動とも一線を画すものです。職員の業

図３　ピア・サポーターの位置づけ

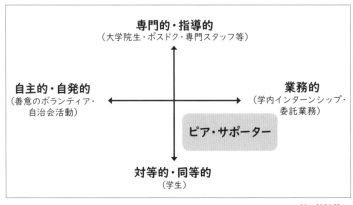

沖（2015）

務の一部を丸投げしたり、学生に過度な負担を強いたりすれば、学生のモチベーションは低下し、逆に教職員の負担を増加させる要因ともなり得ます。

　大学におけるピア・サポートにおいては、あらかじめ教職員からプログラム化された範疇を超える活動について自ら考え、行動することを求められることが多いという特徴があります。エドワード・L・デシとリチャード・フラスト（1999）は、「相手を操作する対象、統制する対象と見なすことなく」相手の自主性を認めることができれば、相手の責任感を育てることができると述べています。ピア・サポートを効果的なものとするためには、継続して学生に寄り添い、成長を支援する覚悟を持って取組を検討する必要があります。

学生から始めるピア・サポート

　学生発案でピア・サポートを開始する場合もあるでしょう。その際も教職員の支援が不可欠です。学生のみで行う諸活動も大学をよりよいものにする可能性を十分に持っていますが、ソフト・ハード両面の支援がない状態では、活動の継続が難しいだけでなく、有益な活動を多くの学生に還元することができません。また、前述のピア・エンゲージメントの観点からも、大人による助言・指導が必要です。

　この本を読んでいる学生のみなさんは、学生目線のピア・サポート活動のビジョンとミッションを検討し、教職員に対して協力を依頼することから始めてみましょう。その際、①ピア・サポートを行うことで自分たちだけでなく、大学全体にどのようなメリットがあるのか、②各大学がすでに持っている既存のリソースを活用できないか、③ピア・サポートが必要とされる客観的なエビデンスがないか、といった視点でも検討してみてください。

　加えて、ピア・サポート活動をしようとしているあなた自身をサポートしてくれる研修会や学会などにも参加して、さまざまな経験をしてみましょう。ある大学でピア・サポート活動の流れが大きく転換したとき、学生の声として聞こえてきたのは「自分たちが1年生のときにこんなことをしてもらえていたら、今の学生生活はより充実したものになったのではないだろうか」という声だったそうです。「仲間としての後輩らをサポートする」ということが原点だと思います。その思いをどのように現実化していくのか、そのためには多くの教職員のサポートが不可欠となります。

　大学生になるまでにすでに小学校・中学校・高等学校でピア・サポート活動を経験している学生にはコミュニケーションや傾聴のスキルがあり、研修やさまざまな企画などを進める中心になるでしょう。ただ、多くの学生は決してそこまでのスキルを持ってはいないと思われます。これは教職員も同様

な場合があります。ですから、さまざまな学会や研修会、企画そのものに参加しつつ、活動を体験していくことも重要です。そのなかで自身に合った活動スタイルを見出し実践していくのはいかがでしょうか。大学の規模、国立、公立、私立、高等専門学校などの違い、地域性、その土地独自の文化など、それぞれの場所に合った活動が模索されることと思います。

　ある大学生は、図書販売の店員さんを笑顔にしたい一心から、毎回図書を購入するたびにその店員さんに自分から笑顔で接し続けたところ、ある日からはその店員さんから笑顔がいただけるようになったとのことでした。そんなささやかなことからしっかりしたトレーニングや企画までは、遠い道のりかもしれません。しかし、ピア・サポートの思いを持ち続け、仲間に応援を頼むことで、あなた自身が実現化しようとするピア・サポート活動は少しずつ形になっていくことでしょう。

　これは少し根気のいる作業かもしれません。自身は素晴らしい活動だと思うのに周りには伝わりづらかったり、伝わらないこともあるでしょう。それでも大丈夫です。多くのピア・サポーターの仲間はそんなあなたを応援してくれます。組織的な活動ができないとか、自身では無理だと思うかもしれません。それでも大丈夫です。多くの方々がサポートしてくれます。そしてあなたらしいピア・サポート活動ができる日まで待ってくれます。あなたにしかできないピア・サポート活動が誕生する日を私たちは待っています。

5．やはり聴くことを軸にして

　ピア・サポート活動の基本となるスキルの1つが、傾聴スキルです（本書の第3部理論編2も参照してください）。ピア・サポート活動を始めようとする際には、「傾聴が軸となる」ことを共通理解しておきたいものです。ここでは、サンフランシスコ市インデペンデント・リビング・リソースセンターでの「本当に傾聴することができていますか」との問いかけをご紹介します。

①私は助言をしてほしいのではなく、話を聴いてほしいだけです。
②私の感じたことを、いけないことだと言われるのは、感情を踏みにじられることです。
③話を聴いてほしいときに、あなたが問題を解決しようとすることは奇妙で失望します。
④まず聴いてください。答えを出したり、何かをしてほしいのではありません。

⑤私はお手上げなのではなく、勇気をなくしてくじけているだけです。

⑥私が自分の問題にとりかかるときに、私の不安や未熟な部分を助けてほしいのです。

⑦私のありのままに感じているという、簡単なことを受け入れてください。そうすれば、あなたに納得のいくまで話をし続けることをやめられるし、この不合理な感情の背景にある本当の理解を求めるコミュニケーションを始めることができる。それができれば、答えは、明確になり、私は何の助言も必要としない。

⑧不合理な感情は、その背景に何があるのかを理解したなら、おのずとはっきりした意味を持ってくるものです。

⑨神様に祈ることのように、アドバイスを与えたり、決めつけたりしないで、どうか話を聴いてください。

⑩あなたが話をしたいのなら、あなたの番になるまで待ってください。そのときには、私があなたの言うことに耳を傾けます。

*

　大学におけるピア・サポート活動において、活動形態や活動内容は個々の大学のニーズを踏まえて多様ですが、学生が主体的に課題を把握し、その解決に向けて活動を行っていくという点は共通しています。ピア・サポートは、予測困難な時代を自ら切り拓くことのできる学生の育成や学生主体の大学改革につながる可能性を秘めています。

　ぜひ、ピア・サポート活動で世界を素晴らしいものにしていきましょう。

〈引用・参考文献〉
デシ、エドワード・L／リチャード・フラスト（桜井茂男監訳）（1999）『人を伸ばす力―内発と自律のすすめ』新曜社
松田優一・山咲博昭（2020）「愛媛大学理学部授業運営サポーター養成合宿配付資料」
日本学生支援機構（2018）「大学等における学生支援の取組状況に関する調査（平成29年度）」結果報告
日本ピア・サポート学会（2017）『ピア・サポート・トレーナー養成講座テキスト』
沖裕貴（2012）「FDの次なるステップ―『学生参画』」『大学時報』342号、68-73頁
沖裕貴（2015）「『学生スタッフ』の育成の課題―新たな学生参画のカテゴリーを目指して」『名古屋高等教育研究』15、5-22頁
寺谷隆子（2002）「精神科リハビリテーションにおける最近のトピックス：ピアカウンセリング―利用者参加の協同支援システムづくり」『臨床精神医学』31（1）、49-55頁

大学でのピア・サポート活動で求められる訓練

松下　健（北陸学院大学）　松田　優一（関西大学）

　本稿では、大学においてピア・サポート活動のための訓練を具体的にどのようにやってきたかを2人の著者が紹介します。松下は大学教員の立場から教育の一環として、松田は大学職員の立場から主に大学における正課外活動として実施するピア・サポーターへの訓練について紹介します。実践内容や目的により訓練内容は変わるため（Cowie & Wallace, 2000〔松田・日下部訳、2009〕）、訓練の背景やどのような状況で行ったか、周辺状況も紹介します。

1．大学教員として行うピア・サポート活動の訓練

　ピア・サポート活動の訓練は技能を習得する演習だけでなく、知識や理解の獲得も含むため、事前準備として行ったことを幅広く記述します。

（1）実践の周辺状況

　まず、どのような環境でピア・サポート活動の訓練を行っているのか、周辺状況を説明します。筆者（松下）は大学において臨床心理学を学生に教育していますが、所属しているコースには心理学の他に社会学、福祉学、政治学、文化人類学、図書館情報学、宗教学の教員がいます。学生は2年次に自分が学びたいゼミの希望申請を行い、学業成績順に各ゼミに配属されます。3年進級時に再びゼミ希望申請を行い3、4年次の専門ゼミが決定されます。

　筆者は2年次のゼミにおいて、専門分野の紹介とカウンセリングの基礎スキル学習を兼ね、学生にピア・サポートの訓練を行っています。さらに、3年次以降も筆者のゼミに所属した学生とは、ピア・サポートの実践を一緒に行うことがあります。そのため、3年次には実践に即した訓練を行います。

　以上のように、教員が教育の一環としてピア・サポート活動の訓練を行う場合、講義を活用することができれば導入の障壁は高くありません。訓練内容が大きく異なるため、ここでは2年次に行う訓練を紹介します。3年次に

行う訓練と実践に興味がある読者は第2部実践編9をご覧ください。

（2）ピア・サポート活動のための基礎的な訓練

　大学2年次に行う訓練を紹介します。2年次のゼミには、臨床心理学に何となく興味があり著者のゼミを希望する学生と、積極的に心理学を学びたくて希望する学生がいます。これは2年次のゼミが3、4年次のゼミ選択の参考になるようカリキュラムが構築されているために生じる現象です。

　日本ピア・サポート学会のピア・サポート・トレーナー養成標準プログラム（以下、標準プログラム）は、カウンセリングにおける傾聴、対立解消、問題解決という日常の人間関係に活きる内容であり、誰が習得しても有益です。学生には最初にその意義を説明します。1回の講義は90分、それが15回で半期の講義が構成されます（表1）。基本的に内容、順序とも標準プログラムに則って進めています。講義11回目から15回目の論文発表は、大学のゼミでは学術論文を調べ卒業時に研究を行う必要があるため、専門性の高い学術論文を読解する練習として行っています。そのため、ピア・サポート活動の訓練とは趣が異なります。

　標準プログラムを実施する理由は、どのような内容であれピア・サポートは仲間と協力して行うため、仲間同士のコミュニケーションを良質なものにするからです。訓練を経験すると、仲間との議論が喧嘩になりにくくなります。標準プログラムはよくできており、小学生にも理解できるわかりやすい内容です。大学生にそれらが平易すぎると思われないよう注意しています。具体的な工夫をいくつか紹介します。

　まず、1回目は、ピア・サポートの定義と歴史、実際の活動例について解説します。小・中・高校生だけでなく、大学における実践、医療分野や精神保健福祉分野でも実践が行われていることを紹介します。そうすることで多

表1　講義におけるピア・サポート活動の訓練内容

回数　：　内　　容
1回目：ピア・サポート概論
2回目：アイスブレイク、自己理解・他者理解、コミュニケーションスキル
3回目：積極的な話の聴き方、非言語コミュニケーション
4回目：気持ちに焦点づけた聴き方、問題解決
5回目：対立の解消、AL'Sの法則
6回目：訓練の基本と留意点
7回目：プランニングとサポーターへの動機づけ、エゴグラム
8回目：グループスーパービジョン
9回目：ピア・サポートプログラムの企画
10回目：ピア・サポートプログラムの評価の意義と方法
11〜15回目：論文発表

様な支え合いの存在に理解を深めます。

　2回目のアイスブレイクは、足し算トーク（事前に話題の一覧表をつくり、じゃんけんで出た指の数を足した一の位の数字に対応する話題で話をする）を例として説明します。加えて、短時間で実施可能、誰もが楽しめる、コミュニケーションが生まれるなど重要な枠組みを伝え、アイスブレイクを考案してもらうこともあります。進行を学生に任せ、実際にやってみて課題がある場合は、それを反省点として振り返ります。

　自己理解・他者理解は、コミュニケーションスキルと連動して行います。コミュニケーションスキルの訓練には一方向と双方向のコミュニケーションを行います。そして、一方向と双方向という2種のコミュニケーションを経験した後、2種の違いを振り返ると同時に、どのようなことに気をつけていたか、どのようなことを感じたかを話し合います。その際に、自分自身を見つめ、他者の発言を聞き、自己と他者の相違を意識するようにします。

　3回目の非言語コミュニケーションの演習では、表情以外の非言語にも注目してもらうため、感情を推測する対戦式のゲームを行います。まず、訓練実施者は教卓に立ち、手元に感情を表すさまざまな単語をリスト化した用紙を用意します（感情を表す単語はインターネットでも簡単に調べられます）。2グループに分かれ、グループごとに着席してもらいます。グループからそれぞれ1名が教卓のところに出て、感情のリストから1つ単語を選びます。どれを選んだかを知っているのは選択した人と訓練実施者だけです。選択した人は自分のグループの仲間にどのような感情を選んだかを非言語で表現し、仲間がその感情を当てます。正解が出たら次の人に代わり、まだ選択されていない感情を1つ選択し、同じことを繰り返します。正解が出ない場合は、パスして次の人に代わることもできます。制限時間3分で、多く正解したグループが勝ちです。このようにして、非言語で表現することと、非言語を理解することの両方をゲーム形式で体験します。

　4回目の演習では、日常生活の困りごとを話し合います。困りごとの内容や努力していることを言葉で伝え、聴き手は話し手の「気持ちに焦点づけた聴き方」をしますが、話し手の気持ちを理解するのは簡単ではないことに気づき、話し手が理解してもらえたと感じる聴き方の意味について考えます。問題解決は、標準プログラム5つのステップに基づいて進めます。

　5回目は対立の解消です。対立の解消は、学生に意見の対立が生じている場面を考えてもらい演習を行います。例えば、卒業後に進学したい大学生と就職してほしいと考える父親と、両者を調停する母親といった具合です。対立解消のルールであるAL'Sの法則（Agree〔合意〕、Listen〔傾聴〕、Solve〔解決〕での3段階で対立解消に至る方法）を守ることの重要性と、対立解

消の方法が、法律の専門家である司法書士の方々が「裁判外紛争解決手続」として行う調停に通じるものであることも説明します。容易には解決しない対立場面を具体的に考案してもらうことで、対立解消の難しさと、解決方法は1つではないこと、第三者が入ることによって当事者同士の話し合いと異なる点は何かを体験してもらいます。対立解消の演習によって、「第三者が調停することで冷静に話し合いができる」「当事者同士の相手への理解が深まる」と述べる学生が多いです。6〜9回目は、表1のとおりです。

10回目は、ピア・サポートプログラムの評価の意義と方法です。学生は大学のさまざまな講義で社会科学を学びます。それら講義で学んだ研究方法が実践活動の評価を可能にすることを説明します。例えば、因果関係を把握するには方法に注意を払う必要があり、変化をとらえる測定を行うこと、ピア・サポート以外の要因で変化が起きていないことを示す測定を行うこと、対象者の募り方によって結果を一般化できる程度が変わることを説明します。これらはすべて社会科学の基礎的な研究方法であり、普段大学で学ぶことが応用できることを伝えます。

訓練において、繰り返し学生に伝えている重要なことが2点あります。1点目は、何をもって十分な訓練といえるのかです。スキルの習得にしても、自己理解・他者理解にしても、この訓練をすれば十分ということはありません。自己と他者を客観視し、自分とうまく付き合いコントロールする力を高めるよう研鑽を継続することが重要だと説明しています。

学生に伝えている2点目は、実践内容を意識することです。標準プログラムを学習すると、それが訓練のすべてと思い込む学生がいます。訓練は実践に合わせたものが重要であり、実践内容を具体的に決めたら、その実践に合致した訓練をさらに行うことができると説明し、丁寧な準備の必要性を理解してもらいます。

2．大学職員として行うピア・サポート活動へのかかわり

筆者（松田）は、ピア・サポート活動の担当職員として日々の活動支援はもとより、ピア・サポーターの育成にもかかわってきました。ここからは、主に正課外活動での大学職員による活動支援のあり方について紹介したいと思います。

筆者は学生に対して、多くの大学のピア・サポート活動の趣旨である学生による学生のためのピア・サポートについて「あったらいいなを実現する活動」であると話しています。学生目線での理想の大学を学生自らが実現する過程で知識やスキルを習得し、それを活かして活動を行うことが大学におけ

図1　関西大学KUSPモデル

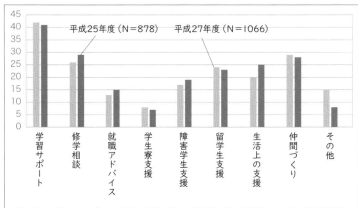

広がれ！学生自立型ピア・コミュニティ
〜関西大学で育む21世紀型学生気質〜

これまでのピア・サポート
（関大の潜在的なニーズを形に）
【ピア・サポーターが企画・運営】

関西大学KUSPモデル
**学生が求めるキャンパス環境を
学生が主体的に創る取り組み**

あなたの得意、シェアしませんか？
（関大生の「教えたい」「発表したい」を形に）
【企画者が登壇、ピア・サポーターが企画・運営】

Ideaを形に
（関大生の「あったらいいな！」を形に）
【企画者が企画・運営（ピア・サポーターが支援）】

※KUSPとは「関西大学ピア・コミュニティKUサポートプランナー」の略称

図2　大学でのピア・サポートの活動領域

平成25年度（N＝878）　平成27年度（N＝1066）

（学習サポート／修学相談／就職アドバイス／学生寮支援／障害学生支援／留学生支援／生活上の支援／仲間づくり／その他）

注：N＝ピア・サポートのプログラム数。平成25年度の数値は、日本学生支援機構「学生支援の最新動向と今後の展望―大学等における学生支援の取組状況に関する調査（平成25年度）より」（2014年）より抜粋したもの。

安部（2017）

るピア・サポート活動であり、結果として、所属大学の改善やピア・サポーターの成長、教職員の成長にもつながります。

　大学におけるピア・サポート活動は各大学の課題に応じて計画され、正課教育で訓練と実践の両方が行われるもの、正課外活動で訓練と実践の両方が行われるもの、ピア・サポーターの訓練は正課教育、実践活動は正課外活動で行われるもの等、非常に多様です（例として関西大学のモデルの一部を図1に紹介します。詳しくは第2部実践編1を参照してください）。

　また、ピア・サポート団体についても1つの活動を継続して行うもの、組織の趣旨を共有しつつ時宜に応じた活動を展開するもの、その混合等さまざまな形があります。加えて、ピア・サポートの目的についても、仲間（学生）同士の相互支援活動はもとより、正課教育でのピア・サポート活動に多く見られるピア・サポーターの成長を主たる目的とするもの、大学の改善を行うもの等非常に多様です（図2）。

　ピア・サポート＝「支援・援助」という思考の枠を広げ、学生である自分たちが肌感覚で感じるニーズこそ、周囲の学生のためになるという柔らかな発想を引き出すことが教職員のかかわりとして重要です。

表2　ピア・サポート入門：プログラムの例（90分）

プログラム	時間	内容・ポイント
オリエンテーション	5分	
アイスブレイク	20分	（身体的接触を伴わないもの）
ピア・サポート概論 （ピア・サポートの概念について説明）	30分	ピア・サポートとは？ ボランティアとの違い ピア・サポートの流れ ピア・サポートの効果
ピア・サポートの歴史 （ピア・サポート誕生から現在に至る流れを説明）	30分	ピア・サポートの始まり 日本におけるピア・サポート 注目される背景、社会の動向 日本の大学ピア・サポートの内容・実施状況
まとめ	5分	大学を変革できる存在であることを伝える

（1）ピア・サポート入門（主対象：新規ピア・サポーター）

　大学教職員主導で大学でのピア・サポート活動を導入するにあたっては、学生が受け身になりがちです。ピア・サポート活動に必要なスキルの習得に加えて、活動のイメージを学生につかんでもらう必要があります（表2参照）。「ピア・サポートとは何か？」「ピア・サポートの歴史的・社会的背景は？」「日本の大学にピア・サポートが求められる背景は？」「期待されている効果は？」といった概論の説明は不可欠です。加えて、大学におけるピア・サポート活動は学生主体の活動である点、自由な発想で新たな取組を行うことを期待している点等について、大学側の率直な思いをあらかじめ伝えることが大切です。

　仲間のため、自分自身のために大学をよりよいものにしていこうという意識を持ってもらうことをポイントとして実施するとよいでしょう。

（2）ピア・サポート詳論（主対象：ピア・サポート入門を受講済みのピア・サポーター）

　ピア・サポート詳論においては、ピア・サポート入門での学びの内容を復習した後、ピア・サポート活動のプランニングができるようになることを目指します（表3参照）。その際、関係する教職員もグループワークに参加することで、学生・教員・職員の三位一体の大学ピア・サポートにおいて重要となる教員・職員の思いや考え方を学生が理解する機会となると思います。学生・教員・職員が「ナナメの関係」（第2部実践編8参照）で学び合うことを重視して取り組んでいきます。

　なお、「KJ法」や「マンダラート」を用いて教員・職員・学生が混合でビジョンとミッションを再確認する場を設けるとより効果的です。

表3　ピア・サポート詳論：プログラムの例（90分）

プログラム	時間	内容・ポイント
オリエンテーション	5分	
アイスブレイク	15分	（身体的接触を伴わないもの）
ピア・サポート入門の振り返り	10分	ピア・サポート概論 ピア・サポートの歴史　等
大学におけるピア・サポート活動の例	10分	日本と海外の特徴的な取組を紹介
ピア・サポートプログラムの検討 （各大学の状況を踏まえたピア・サポート活動を考えるワークを実施）	40分	自分たちが思う（感じる）大学の課題について考える 教職員が思っているであろう（感じているであろう）大学の課題について考える ＋ 自分たちが思う（感じる）大学の魅力について考える 教職員が思っているであろう（感じているであろう）大学の魅力について考える **大学の持つすべてのポテンシャルを活かして、「あったらいいな」を実現するための案を作成** **※実現するための過程や課題も書き出してみる**
ピア・サポートの効果	5分	他者への支援、自身の成長にもつながることの理解 ピア・サポーター、被支援者の欲求充足の説明
まとめ	5分	大学を変革できる存在であることを伝える

（3）ピア・サポート活動のマネジメント（主対象：上位年次のピア・サポーター）

　学生主体でピア・サポート活動を展開していくためには、対人援助のスキルのみでは不十分です。ピア・サポート団体を運営するためのスキルとして、リーダーシップやマネジメントといった学びが不可欠でしょう。これらのスキルは、ピア・サポート活動のみならず、大学卒業後の社会人生活においても役立つものといえます。

　自分自身を深く理解し、持ち味をチームの目的達成のためにどのように活かすか、個性あふれる仲間のニーズと社会のニーズを勘案しどのようにチームを動かすか、現在と未来のバランスをとりながらどのように運営していくかといった訓練は、発達段階の上位にある大学ピア・サポートだからこそ求められる、そして、非常に重要なものです（表4参照）。

＊

　筆者2人は異なる大学で異なるピア・サポート活動の訓練を行っていますが、実践内容と参加する学生の特徴を踏まえた訓練を行う点が共通しています。大学におけるピア・サポートは、ピア・サポーター個々人のスキルはもちろん、活動内容も大学に応じて、時宜に応じて異なります。本稿で紹介した訓練を例とし、それに加えて、対人援助に関する知識やスキルの習得を目

表4　ピア・サポート活動のマネジメント：プログラムの例（90分）

プログラム	時間	内容・ポイント
オリエンテーション	5分	流れや到達目標の説明
アイスブレイク	10分	（身体的接触を伴わない簡単なもの）
ピア・サポート概論 （マネジメント層に改めてピア・サポートについて正しく理解してもらう）	15分	ピア・サポートとは？ ボランティアとの違い ピア・サポートの流れ ピア・サポートの効果
マネジメント概論	30分	マネジメントとは？ ナナメの関係 マネジメントの役割 ミッションとビジョンの重要性
○○大学におけるピア・サポート	15分	○○大学のピア・サポート導入の背景 ○○大学のピア・サポートの構造
ピア・サポート体験談 （先輩ピア・サポーター、担当職員からマネジメント層の学生へのアドバイス）	10分	先輩ピア・サポーター経験者の想い、体験談（組織運営に焦点を当てて）を伝える ピア・サポート担当職員から見たピア・サポーターへの本音、期待を伝える
まとめ	5分	ピア・サポートへの大学の期待、ピア・サポートの可能性を伝え、そのためにはマネジメントが不可欠であることを改めて理解してもらう

指した学びの場を学生と教職員で検討のうえ開催することが、大学におけるピア・サポート活動において非常に重要な要素といえるでしょう。

『すぐ始められるピア・サポート　指導案＆シート集』（森川澄男監修／菱田準子著、ほんの森出版、2002年）や『ピア・サポート実践マニュアル』（トレバー・コール著〔バーンズ亀山静子・矢部文訳〕川島書店、2002年）は多様な訓練が紹介されている良書です。さまざまな実践から多様な訓練を学び、ご自身の現場に適した訓練を取捨選択して実施していくことをおすすめします。

〈参考・引用文献〉
安部有紀子（2017）「課外活動、学生表彰、ピア・サポート、ボランティア活動」日本学生支援機構「大学教育の継続的変動と学生支援―大学等における学生支援の取組状況に関する調査（平成27年度）より」
Cowie, H., & P. Wallace（2000）*Peer Support in Action: From Bystanding to Standing By.* SAGE Publications Ltd.（2009、松田文子・日下部典子監訳『ピア・サポート―傍観者から参加者へ』大学教育出版、1-47頁）

第2部

実践編　進める

進める

関西大学ピア・コミュニティによる多様な学生支援　継続的実践の試み

松田　優一（関西大学）

　　本稿では、大学でのピア・サポート活動において国内で有数の歴史を持つ関西大学の継続的実践について考察します。

1．関西大学におけるピア・サポート活動の概要

　　関西大学では、学生が豊かな人間力（21世紀型学生気質）を備え、学生が主体性を持って構築するキャンパス環境を育むとともに、卒業後に21世紀の知識基盤社会を支える「社会人基礎力」を備えた人材の養成を目指してピア・サポート活動が行われています（日本学生支援機構、2008）。

　　関西大学におけるピア・サポート「広がれ！学生自立型ピア・コミュニティ〜関西大学で育む21世紀型学生気質〜」は、文部科学省の2007年度学生支援GP（Good Practice）に採択されたことをきっかけに取組が開始されました。学生が求める学生支援を学生自らが実践することを目指した「学生総ピア・サポータ体制」（関西大学では「サポータ」と語尾を伸ばさない用語を使用しています）の構築を図り、またその企画・運営にあたる「ピア・コミュニティ」の創設と育成に向けて取り組まれてきました。2010年度をもって文部科学省からの財政支援期間は終了しましたが、その後も継続的・発展的に取組が継続されています。

2．関西大学ピア・コミュニティの活動内容

　　2008年度に発足した「ピア・コミュニティ運営本部」「国際コミュニティ"KUブリッジ"」「ピア・スポーツコミュニティ」、2009年度に発足した「KUサポートプランナー（第1部入門編4の図1参照）」「KUコアラ」「KUサポーターズ」「ぴあかんず」、2010年度に発足した「i.com」、2018年度に発足した「関西大学学生PRチーム"SUGaO"」の9つのピア・コミュニティ（表1）があり、合計約100名の学生がピア・サポート活動を行っています。

表1　関西大学ピア・コミュニティの活動内容

コミュニティ名	活動内容
ピア・コミュニティ運営本部	ピア・コミュニティ間の連携や情報共有を促す役目を担う。合宿や研修などの企画・運営を行い、ピア・コミュニティ間の交流を促進する他、大学内でのピア・コミュニティの普及や各ピア・コミュニティの活動支援を行う。
国際コミュニティ"KUブリッジ"	留学生の学生生活の充実を図るため、主に国際交流イベントの企画・運営を行い、留学生と日本人学生との交流を促進している。加えて、国際部と連携した活動も行う。
ピア・スポーツコミュニティ（PSC）	"スポーツ"をキーワードとし、関西大学の学生としての帰属意識や母校愛を高め、より充実した学生生活を実現してもらうべく、在学生や卒業生への応援活動を行う。
KUサポートプランナー（KUSP）	「素晴らしい活動をしているにもかかわらず、発表する場所がない」「多くの関西大学の学生と一緒に活動したい」「授業以外の学びの機会を実現、提供したい」と思っている学生の思いを形にすべく、各種の企画・運営を行う。
KUコアラ	関西大学の学生の図書館利用促進を目指すため、学生の視点から、図書館での特集本展示や講演会等の企画を行う。
KUサポーターズ	学生による学生のための学生相談を実施。また、年に数回講演会やワークショップなどの企画・運営を行う。
ぴあかんず	知られていない関大生の苦労や努力などのドラマを発掘して、大学への関心を深めてもらうことを目指し、SNS等のウェブ媒体での広報の活動を行う。
i.com	ITスキル（主に映像・ウェブ・ポスターなどを作成する技術）を駆使し、学生に技術支援する活動を行う。
関西大学学生PRチーム"SUGaO"	関西大学の魅力を学生ならではの目線で社会に向けて発信すべく、ウェブ、SNSを利用して情報発信を行う。

関西大学ピア・コミュニティホームページ
（http://www.kansai-u.ac.jp/gakusei/gp/common/pdf/training.pdf）をもとに筆者作成

3．大学による支援体制について

　　ピア・サポート活動は、専門的な知識・知見・経験を持つ者によるスーパーバイズのもとで行われる仲間同士の支援活動です。その前提のもと、活動の手続きの支援については支援部署の担当職員が行い（図1）、日々のピア・サポータへの助言等については学生センター内に設置されている「学生支援室」のティーチング・アシスタント（以下、TA）が行っています。

　　また、TAは学生と大学がうまく連携できるよう橋渡し的な役割も担っています。これにより、人事異動等によるピア・サポート担当職員の変更や他の業務の繁忙の影響を最小限にしています。加えて、TA制度は、継続したプログラムのアセスメントを可能にしています。一部の者を除いて大学職員

図1　関西大学のピア・サポートの流れ（プロセス）

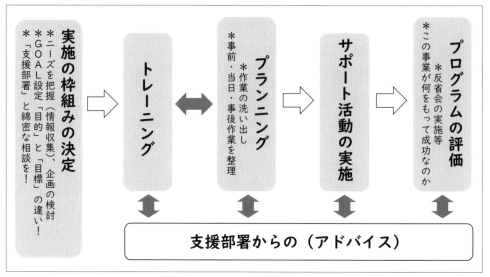

実施の枠組みの決定
＊ニーズを把握（情報収集）、企画の検討
＊GOAL設定「目的」と「目標」の違い！
＊「支援部署」と綿密な相談を！

↓

トレーニング

↔

プランニング
＊作業の洗い出し
＊事前・当日・事後作業を整理

↓

サポート活動の実施

↓

プログラムの評価
＊反省会の実施等
＊この事業が何をもって成功なのか

支援部署からの（アドバイス）

関西大学（2009）

はアセスメントに関する知識や技能を持ち合わせていません。そのため、ピア・サポータおよび支援を受けた学生の成長をデータとして示すことが困難であり、ピア・サポート活動の意義を大学内で示すことが困難な大学が多いと考えられます。関西大学ではTAとして、取組開始の当初から心理系の学問を専攻する大学院生がかかわることが多く、アセスメントに関する知識と技能を継承してきました。ピア・サポート活動の効果に関するデータが蓄積され、大学内で共有されることで、取組のエビデンスが明確になり、活動の継続性を高めることにつながっているといえます。

4．ピア・サポータの育成について

　　関西大学では、ピア・コミュニティにおける学生の位置づけを「研修生」「ピア・サポータ」「シニア・サポータ」の３つに分け、それぞれ認定条件を設けることで、学生のステップアップを明確化し、ピア・サポート活動を通した学びがより深められるようにしています（表２）。
　　また、学生が仲間を支援するために必要となる知識やスキルを学び、身につけ、実践することができるよう、「ピア・サポートって何だろう？」「自己理解」「コミュニケーション」「プランニング」からなる関西大学ピア・サポート研修が実施されており、これらのすべての受講修了が、ピア・サポータの認定要件となっています。
　　それに加えて、スキルアップ講座を実施しています。スキルアップ講座では、「ピア・コミュニティをマネジメントする」「フェイルファスト（fail

表2　関西大学ピア・コミュニティにおける学生の位置づけ

	研修生	ピア・サポータ	シニア・サポータ
基礎資格	学部生／大学院生	学部生／大学院生	学部生／大学院生
保有する スキル・ 知識等	ピア・サポータの認定条件を満たしておらず、単独でピア・サポート活動を行うことはできない者。	ピア・サポータの認定条件を満たし、ピア・サポート活動を行うために必要なスキル・知識等を持つ者。	シニア・サポータの認定条件を満たし、ピア・サポート活動に関するアドバンストなスキル・知識等を持つ者。
活動の 範囲	所属するコミュニティでのピア・サポート活動。	所属するコミュニティでのピア・サポート活動。	所属するコミュニティでのピア・サポート活動、および学生によるピア・コミュニティの継承に関すること。
認定条件		「関西大学ピア・サポート研修」の受講修了。	ピア・サポータとしての活動歴（1年以上）と、「スキルアップ講座」5つ以上の受講修了。

関西大学ピア・コミュニティホームページ「ピア・サポータの育成について」
(http://www.kansai-u.ac.jp/gakusei/gp/common/pdf/training.pdf) より

fast) 〜失敗を恐れず、チャレンジすること〜」「関西大学を知る」「自分の中にある常識をぶっ壊せ！〜リフレーミングという手法〜」「傾聴トレーニング」「ほめる達人講座」「思いやりを形にする」が実施され、これらのうち5つ以上の受講修了がシニア・サポータの認定要件の1つとなっています。研修でのインプットと活動でのアウトプットのサイクルを継続して行うことで、ピア・サポート活動を通じた学生の成長を支援しているのです。

＊

　関西大学のピア・サポート活動は、ピア・サポータが十分な成長を遂げられる育成システムが基盤となり、10年以上、活動が継続されてきました。ピア・サポータはもちろんのこと、担当する教職員が入れ替わるなかで継続できた背景には、TAの大学院生の存在が大きいといえます。

　ピア・サポート活動の実施体制は、各大学の状況に応じてさまざまな可能性があると思いますが、スタートの段階で将来的に活動を誰がどのように継承し、発展させていくか、検討しておく必要があるでしょう。

＊本稿は、筆者作成の桜美林大学大学院アドミニストレーション研究科修士論文「ピア・サポートを支援する大学職員の育成に向けた課題」の一部を加筆・修正したものです。

〈引用・参考文献〉
関西大学（2009）「ピア・サポータ養成講座配付資料」
日本学生支援機構（2008）『平成19年度「新たな社会的ニーズに対応した学生支援プログラム」事例集』

全学共通科目「共に支え、学び合う ピア・サポート」 岐阜大学における導入と展開

山田　日吉 (岐阜大学)

　岐阜大学の「教育推進・学生支援機構」の「障害学生支援部門」から、当時「教職課程支援部門」に所属していた私に「全学共通のピア・サポートに関する授業を担当してほしい」と依頼があったのは2015年の12月でした。

　授業は、私以外に、同じ「教育推進・学生支援機構」に所属する「障害学生支援部門」の舩越高樹特任助教（2019年より高口僚太郎助教）と「保健センター」の堀田亮特任助教の3人で担当するオムニバス形式で、翌2016年度から開始することとなりました。

　私たち3人は、①岐阜大学における学生同士のさまざまなサポート活動を展開するために必要な理論とスキルを身につけさせること、②岐阜大学でのピア・サポート活動を開始し定着させること、の2点を目指して、全15回、22.5時間の指導計画を立案しました。

　このときに参考にしたのは、日本ピア・サポート学会認定の標準プログラムでした。標準プログラムは13.5時間の設定であるため、増加分の9時間については次ページ表1に示すように学生の実態も配慮して計画しました。

　授業名は「共に支え、学び合うピア・サポート」とし、以後現在に至るまで、岐阜大学でのピア・サポート学習と活動の展開に寄与しています。

1. 初年度の授業

　授業の到達目標は、ピア・サポート（仲間同士の支え合い）に関する理論とスキルをグループ学習による能動的な活動を通じて学ぶことにより、ピア・サポーターとして活動できるようにすることです。授業は、コミュニケーション力、自己・他者理解、メンタルケア、そして社会的弱者支援に関する基礎的な知識と技法に関連する項目で構成しました。この年は4月からの前学期の開催であり、授業後の活動開始を夏休みと想定しました。また、15時間終了後には、岐阜大学教育推進・学生支援機構長の公印を捺印した「岐阜大学ピア・サポーター認定書」を無欠席の受講生に渡すことも決めました。

表1　「共に支え、学び合うピア・サポート」初年度のシラバス

回	主な指導内容
第1回	**オリエンテーション**　エンカウンター（全）／ねらいと目標（舩）／ピア・サポート概論（山）
第2回	**コミュニケーションの基礎①**　一方通行と相互通行のコミュニケーション（舩）
第3回	**コミュニケーションの基礎②**　積極的な話の聴き方（山）（1対1）
第4回	**コミュニケーションの基礎③**　積極的な話の聴き方―大切な物（堀）（1対複数）
第5回	**コミュニケーションの基礎④**　傾聴的態度　その1（山）
第6回	**コミュニケーションの基礎⑤**　傾聴的態度　その2―非言語コミュニケーション（堀）
第7回	**コミュニケーションの基礎⑥**　アサーショントレーニング（舩）
第8回	**メディエーション①**　もめ事・対立解決の考え方とその方法／1個しかないりんご（山）
第9回	**メディエーション②**　ピア・メディエーション（ロールプレイ）（山）
第10回	**課題解決スキル**　課題解決の5つのステップ（山）
第11回	**ストレスマネジメントとメンタルサポート**　ストレスマネジメント法（堀）
第12回	**社会的弱者への理解と支援①**　視覚障害・聴覚障害疑似体験（舩）
第13回	**社会的弱者への理解と支援②**　社会的弱者の理解とサポート（外部講師：永井）
第14回	**ピア・サポート活動導入のデザイン**　パーソナルプラン立案→チームプラン立案（舩）
第15回	**ピア・サポート活動導入のデザイン／まとめと振り返り**　チームプランの発表と交流／まとめ／修了証授与

（舩）：船越高樹　　（山）：山田日吉　　（堀）：堀田亮

初年度の2016年度は定員36名に対して58名もの応募があり、授業への期待感を感じました。しかし、開講してみると、学生の実態は当初予測とは異なり「聴けない」「話せない」「相手の気持ちを理解できない」学生が多く、コミュニケーションスキルの演習を増やすことにしました（表1）。

授業の学習過程は、①授業の目的の明示、②学習内容と学習過程の明示、③講義、④演習、⑤振り返り（シェアリング）、⑥学修録（小テスト）の記述、という構成です。これは、授業のUD（ユニバーサルデザイン）化であるとともに、できるだけ演習の時間を多くとるように苦心した結果でもあります。受講者の主体的な学びを引き出すことにつながると考えたからです。

毎回、授業後半の15分で記入させている学修録の第1回目には、以下のような記載が多数あり、ピア・サポートへの関心と期待感の高さを感じ、授業に対する期待に応えたいという責任感と手応えを覚えました。

【第1回の学修録から】　ピア・サポートを学ぶことで他者とのコミュニケーションが円滑に進むようになると思う。どのように話しかけ、打ち解け合えばよいのか、相手と気持ちよく関係を深めていくにはどうしたらよいのか、どうしたら相手の思いを引き出し推し量れるかなど、人とかかわるうえで大きな強みになる力がつけられると思う。そうすれば、普段の仲間付き合いもスムーズに進むようになるだろうし、まったく年齢の異なる人と心を通わせることも難しくなくなると思う。人とのかかわりが増えれば、それだけ自分も相手もいろいろな価値観に触れることができるようになり、とても有意義だと思う。私は教職を目指しているので、（中略）よりよい生徒指導を目指すためにピア・サポートのス

キルを十分身につけたい。（応用生物学部O君）

　第14回と第15回の２回の授業では、岐阜大学における実際のピア・サポート活動の展開につながるようにパーソナルプランの立案をもとにして、「相談活動」「仲間づくり」「学習支援」「地域貢献」「新入生対応」の５グループに分けて活動の準備をさせました。また、最終回の授業でピア・サポート実行委員を募って「ピア・サポートサークル」を組織し、実際の活動推進に向けての動きをつくりました。しかし、受講者の多くは１年生で、初めての夏休みを謳歌しようとする雰囲気も強く、あわせて担当者が多忙で実際のピア・サポート活動のための歩み出しのための会議の開催が９月にずれ込んだこともあり、活動は10月以後となりました。

　この年にピア・サポート活動のリーダーとなった学生は、「仲間づくり」と被災地支援を目的に「みんなで鍋を楽しもう」と受講者の友人たちに呼びかけて、10月以後３回の「鍋の会」を実施しました。鍋に入れる食材を被災地の熊本から取り寄せる等の工夫をしました。なお、この年の経験から、次年度からは後学期開設とし、授業後の春休みに活動の準備ができるようにしました。

　また、この年に、全国大学ピアサポーター合同研修会「ぴあのわ」が開催された東京大学へ舩越と山田が出張参加し、次年度は岐阜大学からも学生を参加させられるようにしたいと話し合いました。少しでも他大学の学生サポーターの活動に触れさせ、交流の場を設けることで視野を広げたり、サポーターとしての成長につなげたりすることが大切だと考えたのです。

２．２年目以降の授業

　初年度の授業を振り返りながら担当者３名で共通した課題意識は、プランニングまではできるものの実際のピア・サポート活動には尻込みする受講生も多く、学びはできても活動が進まないことでした。この課題を克服するために、①「大学におけるピア・サポートの現状」について理解させる時間をつくり、②プランニングの前に東海地区でピア・サポート活動をしている大学の現状紹介の時間を授業に位置づけることとしました（15時間のシラバスは表２参照）。

　①に関しては、第２回の授業で日本ピア・サポート学会理事の関西大学の松田優一氏に講師を依頼し、快諾を得ることができました。②に関しては、第13回の授業で、2017年度〜19年度は三重大学に、2020年度は名古屋大学に依頼。

　この２コマの授業によって、受講者は大学におけるより具体的なピア・サポート活動を知り、そのなかで学生たちの成長が感じられ、岐阜大学でも多

表 2 　「共に支え、学び合うピア・サポート」 2 年目以降のシラバス

回	主な指導内容
第 1 回	**オリエンテーション** 　ピア・サポート概論（舩・山・堀）
第 2 回	**ピア・サポート活動の紹介** 　全国の大学におけるピア・サポート活動（外部講師：関西大学　松田先生）（山・舩・堀）
第 3 回	**コミュニケーションの基礎①** 　一方通行と相互通行のコミュニケーション（舩越）
第 4 回	**コミュニケーションの基礎②** 　積極的な話の聴き方（山）
第 5 回	**コミュニケーションの基礎③** 　積極的な話の聴き方―大切な物（堀）（1 対複数）
第 6 回	**コミュニケーションの基礎④** 　傾聴的態度　その 1 （山）
第 7 回	**コミュニケーションの基礎⑤** 　傾聴的態度　その 2 ―非言語コミュニケーション（堀）
第 8 回	**コミュニケーションの基礎⑥** 　SEL（社会性と情動の学習）（山）
第 9 回	**コミュニケーションの基礎⑦** 　アサーショントレーニング（堀）
第10回	**課題解決スキル** 　課題解決の 5 つのステップ（山田）
第11回	**メディエーション①** 　もめ事・対立解決の考え方とその方法／1 個しかないりんご（山）
第12回	**メディエーション②** 　ピア・メディエーション（ロールプレイ）（山）
第13回	**大学におけるピア・サポート活動** 　近隣の大学生が行っているピア・サポート活動（外部講師）（堀・山・舩）
第14回	**ピア・サポート活動導入のデザイン** 　パーソナルプラン立案と交流（山）
第15回	**ピア・サポート活動導入のデザイン／まとめと振り返り** 　パーソナルプランの発表と交流／まとめ／修了証授与（山・舩・堀）

（舩）：舩越高樹　（山）：山田日吉　（堀）：堀田亮

くのピア・サポート活動が展開できることにつながると考えました。

【第 2 回の松田先生の授業後の感想】 第 1 回の授業で"ピア・サポートとは"という説明でぼんやりとしたイメージしか想像できていなかったが、松田先生の講義で、大学でのピア・サポート活動を具体的にイメージすることができた。表面だけを見ると遊びみたいに見えるイベントでも、それを実際に運営することによってコミュニケーション能力や自分で課題を発見できる能力や課題解決能力が養われるのだと知ることができた。（医学部看護学科Yさん）

授業を始めて 2 年目の2017年度には、 第15回の授業終了後に、「ピア・サポート同好会を始めます。賛同者はぜひ参加してください」と呼びかける学生も出て、岐阜大学のピア・サポート活動が学生の主体性から動き始めたのを感じました。また、この年から「ぴあのわ」にも積極的に参加する受講者も出てきました。「ぴあのわ」の開催大学と岐阜大学からの参加者は、2017年は名古屋工業大学で 6 人、2018年は北海道大学で 5 人、2019年は愛媛大学で 4 人。さらに2020年度には、名古屋大学と岐阜大学のピア・サポーターが共催する形で「ぴあのわ」の開催が決定しています。

＊

以上、 4 年間の岐阜大学におけるピア・サポーター養成のための授業を紹介しました。

日本学生支援機構の「大学等における学生支援の取組状況に関する調査（平成29年度）結果報告」（2018年）によると、現在日本の大学でピア・サポート活動を実施しているのは全体では52.4％、国立大学に限れば88.4％にも上ります。しかし、ピア・サポーター養成のための授業を全学共通科目として位置づけ、ピア・サポート活動を実施するときに求められる対人援助の知識、スキル、マナーを学ばせている大学は、ほとんどないと思われます。参考にしていただければ幸いです。

第2部　実践編　3

ピア・サポートモデルによるカリキュラム・デザインの試み　道徳・総合学習のなかで

懸川　武史（群馬大学）

　教員養成機関において、これから教員になる学生に対して、教育課程を編成、実施・評価し改善していく「カリキュラム・マネジメント」を実現できる教育的実践力を育成し向上させていくことは急務です。筆者は、カリキュラム・マネジメントの確立は、主体的な学習と連動させて「学び続ける学習者像」へと円環的な学習過程を通して到達可能であると考えています。そして、カリキュラム・デザインは、学校コミュニティが抱える教育課題解決に向けた設計者の意図（will）により実現されるものです。

　本稿では、ピア・サポート活動をカリキュラムに組み込む際のマネジメントのあり方について、筆者もかかわったいくつかの実践を通してまとめたことを紹介します。

1．ピア・サポートマネジメントのあり方：導入手順と指導基本モデル

　ピア・サポートモデル（図1）の機能を活かし、研究協力校の教育課程の総合的な学習の時間にピア・サポート活動を位置づけるとともに、中学校への導入モデルの構築を試みました。この実践では、課題である対人関係能力の向上を意図し、教師のニーズと生徒の実態を踏まえてトレーニング・プログラムを作成し、総合的な学習の時間において課題の解決を図りました（小林・懸川、2003）。

　そして、ピア・サポートマネジメントの観点から、以下のような導入の手順を明らかにしました。

①学校評価などにより、学校が抱える教育課題の明確化に基づき、学校教育目標として可視化する。

②解決に向けた学校全体での取組を職員会議で提案、協議し、実施にあたっては校

図1　ピア・サポートモデル

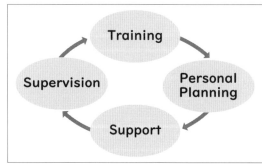

懸川（2002）

44

図2　ピア・サポート活動の指導基本モデル（総合教育センター案）円環的過程

①　この活動を通して、児童生徒に身につけさせたい力をここに示す。

【教員の事前準備】

②　アセスメント
（児童生徒の実態把握）
●アセスメントとは　児童生徒の実態を把握し、児童生徒に身につけさせたい力は何かを明確にすること。

③　実践に向けての計画・立案
●実践に向けての計画・立案とは　児童生徒にどのようにサポート活動を設定するか。また、そのために必要なトレーニングは何か等、指導内容を検討し、実践に向けての計画を立てること。

注：数字は作成の手順を表す。

⑧　※2巡目以降に向けて、今後の解決すべき課題に対する教員の留意点を書き留めておくとよい。

⑦　スーパービジョン
（SV：評価）
●スーパービジョンとは　児童生徒自身がサポート活動を振り返り、成果を評価する。また、不十分な点を明確にし、トレーニングの計画を立てること。

④　トレーニング（T：体験学習）
●トレーニングとは　サポート活動を行うにあたって、児童生徒自身が身につけておきたい内容について、既習事項の振り返りやスキル学習等、体験を通して学習すること。

⑥　サポート活動
（S：問題解決的な学習）
●サポート活動とは　児童生徒自身が立てた計画（PP）に基づき、児童生徒が相互にかかわりながら、問題解決的学習に取り組むこと。

⑤　パーソナルプランニング
（PP：計画設定）
●パーソナルプランニングとは　サポート活動を行うにあたって、児童生徒自身がどのような内容や方法で、どのような点に気をつけて取り組むか計画を立てること。

埼玉県立総合教育センター（2015）より

　　　　務分掌に明確化して年度内で実施、評価する。

③学校教育目標の達成について吟味する。

　　　また、2013～14年度の埼玉県立総合教育センターの調査研究事業にスーパーバイザーとして参加させていただき、埼玉県内の学校においてピア・サポート活動を実践された研究協力委員の方々や事務局の小宮高弘らによって、ピア・サポート活動の指導の基本モデル（図2）が構築されました（埼玉県立総合教育センター、2015）。アセスメント（児童生徒の実態把握・分析）

を教員の事前準備と位置づけたこの基本モデルにより、ピア・サポートマネジメントのあり方を提案することが可能となりました。

　以上のような導入の手順およびアセスメントを教員の事前準備と位置づけたピア・サポート活動の指導基本モデルを教員養成の授業において取り上げ、カリキュラム・デザインについて、教職大学院専攻の実践研究での支援に活用しています。

2．課題解決に向けた設計・実践：総合的な学習（中学校）、探究的な学習（小学校）

　小野澤ら（2017）は、中学校の総合的な学習の時間において、ピア・サポートモデルのSupport場面にオリエンテーリングを取り入れました。研究協力校では第1学年と第2学年に課題を抱えており、生徒間の人間関係改善と自己有用感を高めることを意図したのです。生徒たちは「グループで次にすべきことを話し合い、決定し、実行する」という流れを繰り返しながら、ピア・サポート活動に取り組むことができました。

　また、小学校6年生を対象として、修学旅行の事前・事後指導を含む一連の探究的な学習活動においてピア・サポートモデルを導入し、グループでの協働学習と探究的な学習を促すことを試みた実践もあります（音山ら、2019）。

　設計・実践を通して、ピア・サポートモデルは、総合的な学習の時間の指導法の観点からも興味深いモデルであると考えられます。

3．「道徳科」における道徳教育デザインの検討

　小学校の道徳にピア・サポートモデル（図1）を参考にした学習プロセスを用いた研究実践もあります。これは、教育現場をほとんど知らない教職大学院のストレート院生の課題研究において、道徳の教科化「道徳科」を踏まえて、道徳教育デザインについて検討を行ったものです（橋本ら、2018）。そのときの実践の流れは、「手立て①思考ツールを使った話し合い活動」「手立て②問題解決的な学習」「手立て③一枚ポートフォリオ評価OPPA（One Page Portfolio Assess-

図3　「道徳科」における実践の流れ

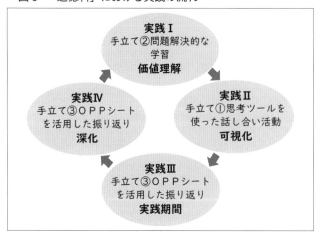

橋本ら（2018）

ment)」というものでした（図３）。

　「道徳科」における道徳教育デザインを、実践期間を設けた学習プロセスで進めたことで、子どもたちは実践期間を通して、自分の行動が認められたうれしさや感謝される喜びを実感できたようです。教師の声かけや保護者の一言も含め、ほめられる、認められるなど、自己有用感が高まることが、子どもたちの道徳的価値に基づく行動の増加につながったようです。知識としてだけではなく、子ども自身の経験をもとにした実感が、道徳的実践へとつながったと考えられます（橋本ら、2018）。

４．ピア・サポートマネジメントのあり方

　ピア・サポートモデルの導入のあり方、新たな教科の指導デザインへの活用を取り上げ、設計・実践し検討を重ねてきました。また、ピア・サポートマネジメントとして、アセスメントによる課題の明確化、課題解決に向け育成する資質・能力の明確化（will）、ピア・サポートモデルの導入（skill）、課題解決（goal）の手順により、カリキュラム・デザインを行ってきました。

　今後、高等教育の近接領域が抱える新たな課題解決についても教育実践を通して検討し、他領域における自助グループのピア・サポートとの比較から、ピア・サポートマネジメントのあり方、概念規定について追究し、学習プロセス、解決プロセスとしての汎用性を明確化にしたカリキュラム・デザインを構築したいと考えております。

〈参考・引用文献〉
橋本麻理香・音山若穂・懸川武史（2018）「『道徳科』における道徳教育デザインの検討―学習プロセスによる教育実践を通して」『群馬大学教育実践研究』35、245-254頁
懸川武史（2002）「児童生徒と教師が互いに成長できる学習モデルの構築Ⅰ―仲間支援システムの活用をとおして」『研究紀要』第９号　67-78頁　群馬県総合教育センター
懸川武史（2020）「ピア・サポートマネジメント」『群馬大学教育実践研究』37、277-286頁
小林澄子・懸川武史（2003）「ピア・サポート・プログラムの総合的な学習の時間への位置づけと導入モデルの構築―生徒の対人関係能力の向上を目指して」群馬県総合教育センター『研究報告書』205、859-891頁
小野澤清楓・懸川武史・音山若穂（2017）「オリエンテーリングを活用した中学生のピア・サポート活動の一実践」『群馬大学教育実践研究』34、167-176頁
音山若穂・小野澤清楓・懸川武史（2019）「総合的な学習の時間の指導法に関する一検討―ピア・サポートモデルによる協働的な学び」『群馬大学教育実践研究』36、227-236頁
埼玉県立総合教育センター（2015）『平成26年度総合教育センター研究報告書　第378号　児童生徒の学びを深める「ピア・サポート活動」のプログラム開発に関する調査研究〜教育相談的手法を用いた学び合う集団づくり〜〈最終報告〉』

大学・学生のニーズに応じた
ピア・サポート活動 工学系大学における試行的実践

池 雅之（高知工科大学）

　ここでは、大学におけるピア・サポート活動として継続的に実践している高知工科大学の取組について紹介します。

1．大学の沿革と活動スタートの背景

　本学では「大学のあるべき姿を常に追求し、世界一流の大学を目指す」を目標とし、以下３つの基本理念を掲げています。「来たるべき社会に活躍できる人材の育成（教育）」「世界の未来に貢献できる研究成果の創出（研究）」「地域社会との連携と貢献（地域貢献）」です。

　1997年に公設民営の私立大学として開学し、12年後に日本初の公立大学法人化、さらには高知県立大学法人と統合し１法人２大学となっています。現在その１つの大学として２キャンパスで運営されています。開学20年余りの間に１工学部が工学系３学群となり、さらに文科系の１学部を加え、現在ではそれらを再編し４学群となっています。開学当初から必修科目のない全科目選択制の教育システムや８週間１期で１年を４学期とするクォーター制度の採用、日本初のICカードによる学生証が導入されるなど、「日本にない大学」が本学のキャッチフレーズとなっています。

　このような状況下で開学８年目に、ピア・サポート活動がスタートしています。この時期にはピア・サポート活動を実施できる大学院生が充足し、ティーチングアシスタント（TA）同様に、修士課程の大学院生が学士課程の学生をサポートできる状況が整いました。そこで、健康相談室でのスタッフによる学生相談件数の急増や教員による「ミニ講義」ともいわれるオフィスアワーでの対応だけでなく、年代の近い大学院生による下級生へのピア・サポート活動が開始されることになります。大学から有償でこの活動をすることが提案され、その後、学生部の事務職や看護職らによってピア・サポート活動先行大学を見学し、そこでの内容も参考にしつつ、ピア・サポーター養成研修と個別相談から活動が始まっています。

２．ピア・サポート活動の変遷

　　本学のピア・サポート活動を４期に分けて説明をします。

第Ⅰ期：個別相談と研修の試行錯誤期（2003年10月〜2012年１月）

　　第Ⅰ期は、十分な個別相談を実施するための研修として、大学のさまざまな学生支援に関する情報に関して、教務部、学生部の担当者や教育講師によるレクチャーが行われました。この研修内容は個別相談期間前のピア・サポーター自身の心得を含めたものであり、相談内容を振り返る事後研修も含めて必須参加になっています。この事前研修後に、新入生や下級生の修学に関する相談に応じ、「仲間（学生）支援」を目的とする個別相談が開始されています。ピア・サポーターは、大学院生を主とした有償ボランティアです。

　　個別相談では「情報の交通整理」をしています。まず来談者の話をじっくり聴きます。その場ですぐに解決策を提示するのが目標ではありません。複数の意見も参考にしつつ、簡単な相談にはアドバイスをする場合もあります。アドバイスする場合は、確かな情報を提供することが重要です。また、適切な学内部署・機関、社会資源などを紹介することもあります。

第Ⅱ期：新入生を対象とした企画導入期（2012年２月〜2013年１月）

　　第Ⅱ期は、新入生を対象とした企画への導入期です。新規ピア・サポーターの公募において、新たに企画立案や実施ができることを要件に含め、採用面接でこの同意を確認しています。企画内容は、一人暮らしや自宅から通う新入生を対象とした交流会を入学式直後に実施するなど、新たな環境での学生生活に戸惑う新入生同士や、ピア・サポーターと新入生との接点となる企画になりました。この企画は個別相談への導入につながり、相談件数も増加し、ピア・サポーター自身にとっても動機づけが高まりました。

第Ⅲ期：企画→個別相談→ミーティング活性化期（2013年２月〜2018年２月）

　　第Ⅲ期では、事前・事後研修（合宿）だけでなく、定例会への参加を促しています。今後のピア・サポート活動の方向性や企画内容の充実について学生からの提案もあり、合宿をすることによって、活動のエッセンスの再確認や企画のノウハウ習得を図りました。これらを踏まえて新規ピア・サポーターが新入生交流のために企画内容の検討を重ね、次年度には４月・６月の２回、新入生向けの企画を開催しました。また、春・秋期間の個別相談だけでなく、相談期間でない時期のメール相談の対応指針の検討もしています。

また、ピア・サポーター間や関係スタッフとの情報共有ツールのより実質的な活用法も検討されました。これによって、会議に参加できないピア・サポーターにとっても活動状況が把握できるようになっています。以前も実施していた学生のニーズを確認するアンケートも新たな方法で実施しました。

第Ⅳ期：新たな試行錯誤期（2018年3月〜）

　この時期のピア・サポーターは学士課程3、4年生が主となっています。大学の2キャンパス化に伴い、個別相談を両キャンパスでも実施しました。

　また、研修内容を見直し、経験を重ねたピア・サポーターが新規ピア・サポーターに傾聴スキルなどを継承する内容が含まれました。また、各自の目標に応じた方向性を共有しあい、相互支援するピア・サポート活動が目指されました。定例会も、2キャンパス化に即した合同例会の実施や、開催場所もそのつどどちらのキャンパスにするかを検討するようになっています。企画においても工学系キャンパスから都市部の文科系キャンパス見学を実施するなど、状況に応じた新たな試みがなされました。

　これらは自主企画として報酬の対象にはなっていません。情報共有ツールの効果的な利用の仕方の検討は、今期も継続しています。大学の授業時間帯が1〜3限に集中することや、授業後にアルバイトなどに励む学生が多いなかで、新たなピア・サポーターの養成や確保が課題となっています。

3．状況に応じたピア・サポート活動の充実

　前述したように、本学は開学以来20年余りの間で、私学から公立大学法人化、県立大学法人として1法人2大学化に至り、2キャンパスになっています。また、1学部から2学部を経て現在では4学群化と、目まぐるしく変化しています。そのように大学の仕組みや環境の変化に合わせた活動を本学では試行しています。そして、2012年度からピア・サポーターが能動的に活動できる状況が整いました。今までの研修後の個別相談を主とした活動から、新入生交流企画、定例会、情報共有ツールの活用、研修合宿、事前説明会、活動報告会などを実施し、内容の充実を図ってきました（図1）。

図1　2011年までと2012年以降の活動の違い

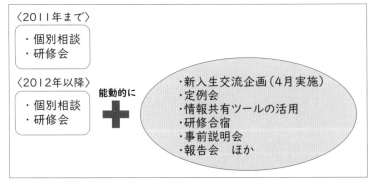

そのためには学生のニーズやピア・サポーターの期待する内容などの把握が重要になります。

　その一例として、留学生との日本語による交流企画の開催があります。研究室内で英語での交流は通常あるとのことでしたが、残念ながら日本語での交流機会がないとピア・サポーターに相談があり、この企画が実施されました。また、日本ピア・サポート学会のワークショップに参加した本学の学生が地元他大学生と企画の共有をし、学会後に合同研修や他大学交流企画の開催が実現しました。大学スタッフとしては、そのニーズの把握と同時に、実際に開催可能かを見立てつつ、実現可能であればそれをどのように形にしていけるかの支援をすることも大切だと思います。

4．ピア・サポート活動継承の課題

　ここまでは主に活動の内容について触れてきました。最後にピア・サポート活動を支援するスタッフや学生そのものの状況について触れてみたいと思います。

　当初は看護職スタッフや学生支援担当者が先進他大学へ見学に出向き、そこでの活動状況を参考に実施がなされています。その後、教員を主とした日本ピサ・サポート学会での高等教育領域での活動状況、学生相談からのピア・サポート活動の状況を日本学生相談学会から、また学生を主体とした「ぴあのわ」、特定の大学主催の企画などの情報も参考にしつつ、本学の活動が維持されてきています。同じ学会や研修に参加されても、スタッフそれぞれの視点の違いや、自身のこととしてどのようにピア・サポート活動をとらえるかによっても、その後の行動が異なってきます。仲間を支え合う視点をどのように共有していくのか、このあたりも活動継続にあたってそれぞれの理解が重要になってきます。

　学生自身については、ピア・サポートを継続する要因として、自主性が重要視される部活やサークル活動では得られない部分を多くの学生が挙げています。

　「ピア・サポートは重要だ」「ピア・サポートは魅力的だ」と思います。でも実行するのは…。そんなときに自身のできることから実行されることをおすすめします。

〈参考・引用文献〉
池雅之・伊藤彰悟・守谷友秀（2017）「大学におけるピア・サポート実践活動─概要および成果と課題について」「日本ピア・サポート学会第15回研究大会抄録集」

学生の主体性を活かしたピア・サポート活動

大学コミュニティへ働きかける
アウトリーチ中心の活動

高野　明（東京大学）

1．ピア・サポート活動におけるアウトリーチの意義

　アウトリーチとは、医療、福祉、教育等の領域において、支援者が支援を必要とする人のもとに出向いて、具体的な支援を提供する活動です。利用者側の援助要請を待つのではなく、支援者側からアプローチしていく積極的な支援方法であるといえます。

　日本学生支援機構（2018）による調査では、大学におけるピア・サポート活動の課題として「参加する学生の確保」が最も多く挙げられています。支援活動の主役である学生を確保するためにも、ピア・サポーターになることに魅力を感じられるような活動の工夫が求められます。

　サポーターのモチベーションにつながる要因として、利用学生が十分に集まらず、支援活動を行っても手応えが感じられにくくなってしまうという課題がよく指摘されます。支援体制が整備されているにもかかわらず、問題を抱えた人が自ら援助を求めようとしない傾向があるために、それが十分に活用されない問題は「サービスギャップ」といわれ、ピア・サポート活動の展開においても課題の1つとなっています。

　サービスギャップの解消のためにも、キャンパスに積極的に出ていって多くの学生にアプローチするアウトリーチが重要になります。

　アウトリーチを重視する支援活動は、コミュニティ心理学による支援モデルに根ざしているものです（表1）。このモデルに基づい

表1　支援における個人臨床モデルとコミュニティモデルの比較

	個人臨床モデル	コミュニティモデル
対象	個人 内面・心的力動	集団・コミュニティ 環境・システム
目的	治療・カウンセリング 弱い側面の変革 メンタルヘルス向上	啓発・予防・成長促進 強い側面・資源の活用 ウェルネス向上
方法	1対1のかかわり	ネットワークづくり
主体	専門家 カウンセラー、医師	非専門家・ボランティア ピア・サポーター

山本（1986）を参考に筆者作成

図1　東京大学におけるピア・サポート活動とその理念

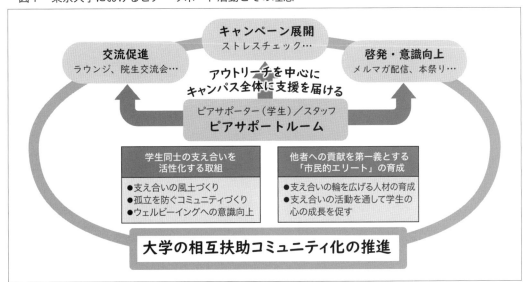

た支援は、個人の内面を対象にするのではなく、集団や環境を対象にし、弱い部分の治療を目指すのではなく、成長促進のために強い側面を活用し、ウェルネス（健康を基盤とした生き生きとした生活）向上を目指します。方法としては、1対1のかかわりよりも、ネットワークづくりを重視し、その担い手は専門家ではなく、ピア・サポーターなどの非専門家が中心になります。

　筆者が所属する大学では、大学全体の相互扶助力を高める取組として、2015年からピア・サポート活動が導入されました。一定の研修を受けたピア・サポーターがキャンパスに出ていってさまざまなアウトリーチを行うことで、キャンパス全体に学生同士の支え合いの風土を根付かせることがその目的となっています（図1）。

2．アウトリーチの実際

　ここでは、東京大学におけるアウトリーチによるピア・サポート活動である「ストレスチェック・キャンペーン」を例として取り上げ、アウトリーチの実際について見てみましょう。

　このキャンペーンは、キャンパス中央の学生が多く行き交う場所に昼休み時間帯にブースを設け、簡便なストレスチェック機器（唾液アミラーゼモニター）で参加者のストレス値を測定し、ストレスとの付き合い方に関心を持ってもらう機会を提供するというものです。測定結果のフィードバックに加えて、ストレス低減のヒントとなる資料やオリジナルグッズを渡して、ピ

ア・サポート活動の広報にも役立てています。

　事前準備としては、実施場所の使用許可や資料やグッズの配布許可を得て、測定に用いる唾液採取用チップや資料やグッズなどの配布物を用意します。また、ポスターを作成して学内掲示板に張り出し、ウェブサイトやSNSでも広報を行い、当日の役割分担（会場設営、ストレス値測定、アンケート・グッズ配布、呼び込みなど）を行います。参加者に測定結果を説明できるように、ストレスチェック機器の原理についても確認しておきます。

　当日は、まず、テント、テーブル、椅子、ストレスチェック機器、配布資料や配布グッズなどを会場まで運搬し、イベントブースを設営します。開始時間になったら、通行中の学生に呼びかけて、参加を募ります。参加者が多く集まり混み合ってきた場合には、一列に整列してもらい、測定までの待ち時間でストレスチェックの概要を説明します。

　ブースでは、ストレスチェック機器で参加者のストレス値を測定し、その結果をフィードバックするとともに、配布資料やオリジナルグッズを渡します。また、点数表にシールを貼ってもらい、自分の得点が分布のなかでどのあたりにあるかを示してもらいます（図2）。

　終了の時間になったら、ブースを片付けて撤収します。最後に、反省会を行って企画全体を振り返り、次回に活かせるよう活動記録を作成します。

　このキャンペーンは、参加者が列をつくるほどの盛り上がりを見せ、毎回100名ほどの参加者を集める人気イベントになっています。2017年から回数を重ねるなかで、ピア・サポーターのアイデアでブラッシュアップも行われています。例えば、2019年度には、留学生にも参加してもらえるように多言語対応を図ったり、配布資料にストレスや心身の関係性についての情報や、学内相談機関についての情報を追加したりするなどの改善を行いました。

　キャンペーンの成果としては、第1に、多くの学生が参加するということが挙げられます。多くの学生にストレスについて振り返る機会を提供できることになりますし、支援活動に参加してもらうことで、ピア・サポートをよ

図2　ストレスチェック・キャンペーンの様子

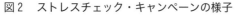

り身近に感じてもらうことにもつながります。また、イベントに参加してもらえなくても、キャンパスの目立つ場所で多くの学生が列をなす様子を目にしてもらうことで、多くの学生に活動をアピールできます。

　参加者が多いということは、ピア・サポーターのモチベーション向上にもつながります。「多くの学生が足を運んでくれた。ストレスについて興味を持ってくれた人も多く、非常に充実したイベントになった」と手応えとやりがいを感じるサポーターも多いようです。

3．アウトリーチの課題

　アウトリーチの課題としては、支援を届けるためには、相手の話を受容的に聴くカウンセリング的なコミュニケーションとは異なるスキルが必要になることが挙げられます。支援を必要とする人がいるところに入っていき、積極的に声をかけ、支援を提供するためには、外向的で積極的なコミュニケーションが求められます。ピア・サポーターの養成研修でよく用いられるような、受容的な話の聴き方の研修だけでは不十分であるといえるでしょう。

　また、アウトリーチでは支援のニーズのあるところに出向いていくことが求められます。そのため、どんなところにどんなニーズがあるのかを正確に把握する必要があります。ニーズの把握には、同じ学生という立場にあるピア・サポーターの強みを活かすことが重要になります。

　支援活動として、その効果を検証することも求められます。川崎ら（2016）は、ピア・サポート活動の評価は、事例報告、参加者アンケートなどの言語データを用いた効果検証が多いとしています。アウトリーチは、コミュニティや組織を対象とするため、どのような方法で効果を検証すればよいかについても、議論を積み上げていく必要があるといえるでしょう。

〈参考・引用文献〉
川崎隆・古川真由美・田中崇恵・江上奈美子・慶野遙香・高野明（2016）「学生相談活動における評価方法に関する研究の概観―授業、グループ活動、ピア・サポート、コンサルテーションに着目して」『学生相談研究』36（3）、197-208頁
日本学生支援機構（2018）「大学等における学生支援の取組状況に関する調査（平成29年度）」（https://www.jasso.go.jp/about/statistics/torikumi_chosa/2017.html）
山本和郎（1986）「コミュニティ心理学者の条件と役割」『コミュニティ心理学―地域臨床の理論と実践』東京大学出版会、46-56頁

学生のリソースを活かした
ピア・サポート活動　学生のニーズ、個別サポート、居場所支援

上西　創（仙台城南高等学校）　袋地　知恵（東北工業大学）

1．「東北工業大学ピア・サポーター」のはじまりと「ひとこと相談」

　東北工業大学は、学生数約3000名（2019年5月現在。女子の比率が全体の15.8%）、八木山キャンパス（工学部）と長町キャンパス（ライフデザイン学部）からなる中規模の私立大学です。各キャンパスに一人ずつ常勤カウンセラーが配置されています。

　「東北工業大学ピア・サポーター」は、カウンセラーが立ち上げて顧問を務めている団体です。出発点は、青年期真っ只中にいる学生の多様な悩みにより柔軟に対応するために、大学というコミュニティ全体を寛容でサポーティブな環境にするには何ができるかという問いからでした。傾聴スキルや青年期の心理、カウンセリングマインドなどを習得した学生たちが、普段の生活で友達や研究室の仲間を支援したり、悩んでいる人たちをカウンセリングルームへつなぐアンテナ役になったりしてくれれば、カウンセラーだけでは届かない場所や人へサポートを届けることができるのではないか。そこで2006年、当時の常勤カウンセラーだった布柴靖枝先生が立ち上げたのが「東北工業大学ピア・サポーター」（以下、ピア・サポーター）でした。「学内で『良き聴き手』となる学生を育成し、お互いを支え合う環境を醸成することでQOC（Quality of Community）を向上させること」を目標に掲げ、さまざまな活動を行っています。

　最初の2年間は研修を多く実施しながら、学内向けの活動として「ひとこと相談」を開始します。ひとこと相談は、所定の用紙に悩みを書いて投稿するとサポーターやカウンセラーが真剣に回答する、という活動です。時にはユーモアを交えながら「どんな内容にも真摯に回答する」をモットーに回答していくうちに投稿も増え、さまざまな交流が生まれました。カウンセラー主導だった回答作成も徐々にサポーター主導へと変遷していき、2012年頃からはほとんどの回答をサポーターが作成するようになっています。

2．個別サポート：学生のリソースを活かした支援の始まり

　ひとこと相談は、研修を受けたサポーターが傾聴スキルや悩みを理解する力（見立て）を発揮する実践の場の１つとして有用でした。一方で、より具体的なサポート活動が「個別サポート」です。ピア・サポーターを運営するカウンセラーは学生相談が主な業務で、普段は学生や保護者、教職員のさまざまな相談に対応しています。なかには、相談室で話を聴くカウンセラーよりも一緒に授業を受けてくれる友人が一人いるほうが力になれるのでは、と思うようなケースも見られます。そういったときに、サポーターが実際に一緒に授業を受けたり、友達のようにサポートするのが個別サポートです。

　カウンセリングを受けている学生と、サポーターとカウンセラーが事前にサポートの内容を確認し、開始後は学生とサポーターが直接連絡をとりながらサポートを実施します。実際にあった事例としては、友達がいないため授業に出席しづらい学生に対し特定の授業を一緒に受ける、１限目によく遅刻してしまう学生に特定の曜日の朝に待ち合わせてから授業に出る、企業説明会に行ったことのない学生と一緒に説明会に参加する、特定の趣味について話す友達がいないので週に１時間趣味の話に付き合うなどがありました。いずれも、普段の活動を一緒に行っているなかでカウンセラーが、サポーターの学科や学年、趣味、支援力などの適性について理解することで、求められるサポートと丁寧なマッチングを行ってから実施に至っています。また、サポート開始後もサポーターにとって過度な負担になっていないか、マッチングがうまくいかずストレスになっていないかなどを見極めながら適宜サポーターの相談にのるなど、ケアを丁寧に行いました。

　私たちが実感した個別サポートの効果は主に３つです。１つはカウンセリングの対象の幅が広がったこと。サポーターの協力で、これまではできなかった支援のスタイルが選択できるようになりました。学生の普段の生活に近いところで細かなサポートができるのはとても有効でした。２つ目は多くの場合で学生とサポーターが本当の友達になっていったこと。支援関係で始まったとはいえ、そこは同じ学生同士。自然と話す時間が増えるなかで一緒にご飯を食べたり遊びに行ったりする関係に発展するケースがあり、なかにはサポートされた学生がピア・サポーターに参加してくるケースもありました。３つ目はサポーター自身の自己肯定感が上がったこと。誰かの援けになって感謝されることは、とても大きな自信につながります。「支援にかかわれてよかった」という感想を何度も耳にしました。こうして個別サポートは、学生とサポーターの両者が成果を得られる活動となっていきました。

3．居場所支援：キャンパスごとの特色に合わせたサポート

　私たちの活動は、週１〜２回、昼休みに行われる定例会がすべての基礎になっています。研修もひとこと相談の回答も、サポーターとの話し合いも、基本的には定例会で行われています。立ち上げ当初はメンバーも少なく、キャンパス間の行き来も多かったため、どちらかのキャンパスに全員が集まって活動を行っていました。2008年には学部改編があり、学部ごとにキャンパスが固定された影響で全員が集まるのが難しくなったため、キャンパスごとに定例会が行われるようになりました。また、八木山キャンパス（工学部）と長町キャンパス（ライフデザイン学部）では、支援のニーズや集まるサポーターの雰囲気に違いが出始め、「八木山ピア・サポーター」「長町ピア・サポーター」として、次第にそれぞれ活動が行われるようになります。

　八木山キャンパスでは、それまでの活動を引き継ぐ形でひとこと相談や個別サポートが活動の中心でしたが、活動が学内でも認められ始め、大学事務局と共催する形での活動も出てきました。教務学生課と連携して留学生同士の居場所づくりのために新入留学生と在学留学生の交流会を企画したり、キャリアサポート課と連携してこれから就職活動に臨む１〜３年生が就職活動を終えた４年生から話を聴くイベントを開催したり、さまざまな形で居場所となれる場をつくるための活動を展開していました。活動のヒントは、定例会での話し合いはもちろんのこと、カウンセリング業務のなかから聴こえてくるニーズや、教職員との雑談のなかにも埋もれていて、「こんなニーズがあるんだけど、何ができるかな？」というカウンセラーの問いかけに、サポーターがさまざまなアイデアを出し合いながら形にしていきました。

　長町キャンパスでは、ひとこと相談はもちろんのこと、居場所支援にも力を入れました。昼休みに不定期で参加型イベントを企画する「暇々倶楽部」では、新学期に新入生の相談にのる「なんでも相談会」、お花見の時期は桜を見ながらのランチ会、紙でブーメランをつくるブーメラン教室等を実施しました。大学主催の100円朝食キャンペーン（期間限定）の際も、サポーターが実際に食べに行き、レポートする形でTwitterやインスタグラムなどのSNSに投稿することで周知が広まり、現在はたくさんの学生が利用しています。また、ボランティア活動のため、学外で活動することもありました。学内の教授とのコラボレーションで、地域のイベントでブーメラン教室のお手伝いをしたり、復興学習のアシスタントとして小学校に出向いたりと、活動の場が広がりました。児童との交流が刺激となり、学内での活動や個人のスキルアップにつながっています。

4．学生のニーズに寄り添う：臨床心理士がかかわるということ

　　実際にメンバーを募集すると、誰かの支えになりたいという学生だけでなく、誰かの支えを必要としている、あるいは誰かを支えることで自分も支えられたいと考える学生が一定数いることが見えてきました。個性豊かなメンバーがそろいながらもお互いを尊重することを学び、実践するピア・サポーターというグループ自体が、彼らの居場所となっています。毎年夏の宿泊研修（構成的グループエンカウンターとキャンプを交互に実施）では、自分を表現すること、他者の表現を受け入れること、葛藤に向き合うこと、協力して成し遂げることなどを学びます。臨床心理士に守られた安全な空間で普段とは違う体験をすることで、自己理解と他者理解が深まり、自他の違いを受け入れ活かしあう「ピア」な関係が築かれていきます。「自己肯定感の低い人は援助要請能力が低い」との指摘がありますが、活動を通して自己肯定感を上げることで、困ったときに援助要請ができ、要請されたときには適切に応えることができるようになることを目指しています。

　　学内でのニーズをつかみ、サポーターと話し合いながらつくっていく活動には学生の主体性が不可欠ですが、実際には顧問のサポートを必要とする場面も見られます。時には参加者が集まらない、連絡がうまく行き届かないなど活動が停滞することもありましたが、そのつど、リーダーたちと「何がうまくいっていないのか」を話し合うことで、サポーターたちの主体性を育ててきました。そういったなかで、個々人の特性や関係性をアセスメントしながら、個人、そしてグループの成長を目指して介入していくことが、臨床心理士としてグループにかかわることの強みとなっています。活動するうえでサポーターに葛藤が生まれることもあるため、その時々で個別面接をし、内省を深め、サポートしていくこともありました。個人としてもグループとしても成長していく姿を近くで見守れることは、顧問としての醍醐味です。

　　本学のピア・サポーターは核となる活動がわかりにくいかもしれません。対面相談や修学支援などの特化した活動には分類できませんが、本学のニーズやサポーターの持つリソースを活かすために試行錯誤した結果、たどり着いたのが「学生（サポーター、一般学生）が育つための居場所を提供する」ことに主眼を置いた現在のスタイルです。ピア・サポーター自体が居場所となり、そこで育ったサポーターの各活動が一般学生の居場所をつくるという循環を通じて、当初の目的であった「お互いを支え合う環境を醸成する」ことができるようになってきています。これからも学生のニーズにアンテナを張りながら、彼らのリソースを活かした居場所づくりをしていきます。

ピア・サポートプログラムを活かした「高大連携プロジェクト」 高校選択科目の試み

西川　大輔（宇治市立東宇治中学校）　河　美善（東京大学）

1.「高大連携プロジェクト」とは

　立命館大学大学院人間科学研究科（以下、大学院）では、附属立命館高等学校（以下、高校）との「高大連携プロジェクト」（以下、プロジェクト）を実施しています。このプロジェクトは、大学の学部・研究科と附属校が連携して実施してきたさまざまな立命館の高大連携講座の取組の一環として2004年から始まっています。プロジェクトでは、大学院生が高校3年生を対象とした選択科目「人間理解・対人援助プログラム入門」の授業を担当し、2013年度からはピア・サポートプログラムの活用を軸にした授業を行っています。本稿では、当大学院の修了生である筆者たちがかかわった2014年度から2017年度に実施されたプロジェクトの取組をご紹介します。

2. プロジェクトの特徴

　プロジェクトの特徴は、プロジェクトの担い手である大学院生が「学ぶ」（ピア・サポートトレーニングを受ける）ことと「一緒に考える」（ピア・サポート活動を行う）ことを並行して実施しているところです。

　「学ぶ」では、ピア・サポート・コーディネーターから2週間に1回90分のピア・サポートトレーニングを受けます。そして、「一緒に考える」では、大学院生が毎年1学期に高校に出向き、1回100分の授業を全10回程度高校生に実施し、ピア・サポートとは何かを高校生と一緒に考えます。

　授業は、日本ピア・サポート学会（2010）が発行している「ピア・サポート・トレーナー養成標準プログラム　テキストブック」を参考に計画され、ピア・サポート・コーディネーターのスーパーバイズを受けています。また、上記授業以外にも、高校の担当教員が週1回50分の授業を高校で実施しています。大学院生が行う授業内容を考慮し、担当教員とそのつど相談しな

表1　プロジェクトにおけるピア・サポート活動の流れ

月曜日	火曜日	水曜日	木曜日	金曜日
振り返り ミーティング 授業計画立案	授業準備 【隔週】 ピア・サポート トレーニング （90分）	授業準備 授業シミュレー ション	授業当日	振り返りシートへ コメント記入 各人による授業 振り返り

注：2014年度をもとに作成。上記流れを適宜修正しながら活動を行っています。

がら授業内容を決め、ブラッシュアップやフォローアップを行っています。

　プロジェクト中の大学院生の基本的なピア・サポート活動の流れは表1のとおりです。「トレーニング（ピア・サポートトレーニング）」→「プランニング（授業計画立案・授業準備・授業シミュレーション）」→「サポート活動（授業当日）」→「グループスーパービジョン（振り返りミーティング）」を週単位で実施しています。

　高校での授業では、「ピア・サポート概論」「一方通行と双方向のコミュニケーション」「積極的な話の聞き方」「課題解決5つのステップ」「対立の解決方法"AL'Sの法則"」などの他、「アサーション」や「アンガーマネジメント」などの教材を用いています。また、ピア・サポート・コーディネーターや大学院OBを招いて講演会を行い、最終回には修了式を行っています。

3．プロジェクトにおける工夫①：ピア・サポート活動を支える枠組み

　大学院生がピア・サポート活動（高校での授業）に主体的に取り組めるように、プロジェクト参加2年目となる大学院生（以下、M2）がプロジェクト参加1年目の大学院生（以下、M1）をサポートしています。M2にとっては、2年目からピア・サポート活動である高校での授業の他に、プロジェクトにともに取り組むM1（仲間）を支えることがピア・サポート活動として加わります。

　西川・山﨑・春日井・増田（2016）は、2014年度のプロジェクトの取組を振り返り、高校生・大学院生双方の変容、プロジェクトの担い手の姿勢や資質を取り上げ、大学院生がプロジェクト遂行や大学院生同士の対人関係の難しさなどを感じているという実態について実践報告をしています。

　それを受けて、2015年度からは、おおむね第3回授業が終了した時期に、M1対象の合宿型ピア・サポート・トレーナー養成ワークショップ（以下、合宿）を取り入れています。プロジェクト開始の早期段階でピア・サポートトレーニングの全容をつかむことで「学ぶ」ことを強化します。また、仲間

表2　プロジェクトの流れと
　　　引き継ぎのタイミング

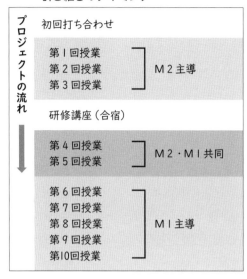

と寝食をともにし、仲間同士の相互理解を図ることで、M2・M1の間でもピア・サポートが生じやすくなる工夫をしています。そして、プロジェクトを「M2主導期」「M2・M1共同期」「M1主導期」の3段階に分け、合宿後、M2はM1へ引き継ぎを進めていきます。同時に、授業のファシリテーターもM1へ徐々に移行していきます（表2）。

　なお、上述した合宿は、日本ピア・サポート学会の認定を受けているため、合宿終了時に修了証が渡されます。そして、この修了証をもとに、ピア・サポート・トレーナー資格認定へとつなげることができるため、M2はプロジェクト2年目からピア・サポート・トレーナー資格を取得してピア・サポート活動に臨むことができます。

4．プロジェクトにおける工夫②：ピア・サポート活動を支える意識

　ピア・サポートは、仲間同士で支え合う営みです。河・大瀧・西川（2020）は、「優劣や権力性のない対等な関係性」が「ピア」（仲間）であるとしています。そのうえで、「他者との関係のなかで個々人の固有性を認識できること、外的な評価にとらわれず、それぞれ主体的で対等な存在として他者との葛藤を重視しながらも共同性を図ることができること」がピア・サポート活動の意義であると考察しています。

　プロジェクトのなかでは、大学院生同士、大学院生と高校生間において、ピア・サポート活動を行う大学院生がピア・サポートを教えるという意識で活動するのではなく、ピア・サポートとは何かについて《気づきの場を設ける》という意識で活動しています。例えば、高校での各授業の最後に「振り返りシート」を高校生に記入してもらい、毎週その「振り返りシート」に大学院生が一人ずつコメントを返すのですが、コメント記入の際は、高校生の振り返りを評価するのではなく、「○○について気づいたんですね」「私も同じように感じることがあります」等と、あくまで高校生と同じ目線で共感したり、自己開示したりするなどのコメントを記入します。また、M2がM1

へかかわる際には、答えを示すのではなく、ともに悩み考えるという視点を大事にしています。

　ピア・サポートトレーニングのなかにある自己理解・他者理解、共感といった視点が、ピア・サポート活動のなかでは欠かせません。ピア・サポートとは何かについて教えるのではなく《気づきの場を設ける》という意識は、「優劣や権力性のない対等な関係性」＝「ピア」であることを可能とし、ピア・サポートを生み出すきっかけとなると思います。

５．大学・大学院でピア・サポート活動を実践していくうえで大切なこと

　大学・大学院生は、基本的な規範意識や社会性をすでに知識として得ているはずです。そのなかで、「仲間同士で支え合う」というピア・サポートの概念を既知のものとして受け止め、経験してきた人間関係において理解しようとします。受動的に誰かに教えられるのではなく、すでに知っていることと結びつけて、「ピア・サポートとは何か」を自分のなかで問うこと、そして、自分なりに悩んだり葛藤したりしながらピア・サポート活動を主体的に実践していくことが非常に大切であると思います。

　そこで、ピア・サポートの実践を進めていくうえで、上述したような一定の枠組みと意識が必要といえると思います。本稿が、大学・大学院での今後のピア・サポート実践へとつながることを強く願っております。

〈参考・引用文献〉
河美善・大瀧辰也・西川大輔（2020）「高等教育におけるピア・サポート活動の意義の一考察─主体性に着目して」『ピア・サポート研究』16、39-49頁
日本ピア・サポート学会（2010）「ピア・サポート・トレーナー養成標準プログラム　テキストブック」
西川大輔・山﨑瑞貴・春日井敏之・増田梨花（2016）「高大連携プロジェクトと大学院生・高校生の変容─附属高校選択科目におけるピア・サポートプログラムの活用を通して」『ピア・サポート研究』12、75-85頁

「ナナメの関係」を意識した
ピア・サポート活動

枝廣　和憲（福山大学）

1．「斜めの関係」と「ナナメの関係」

　　「ナナメの関係」という言葉をご存じでしょうか。精神科医師の笠原（1977）は、青年期の重要な関係性として「斜めの関係」を挙げました。笠原は、スチューデント・アパシー（大学生に見られる、慢性的な無気力状態）の治療において、「叔父―甥（叔母―姪）」関係のような、上下的・タテ軸的、直系的な関係から離れた「中立的関係」としての「斜めの関係」が「『唯一の』治療的通路である」としました。

　　ここでの「タテの関係」とは、親や教員との関係を指し、「ヨコの関係」とは、クラスメートなどの同輩同士の関係を指します。笠原の示したこのような比較的年齢の離れた関係性とは別に、枝廣（2011）では、比較的年齢差の少ない「ナナメの関係」が存在していることを示しています（図1）。

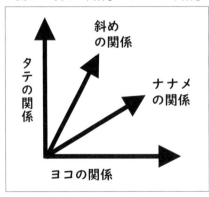

図1　「斜めの関係」と「ナナメの関係」

　　ピア・サポート活動においても、この「ナナメの関係」を意識するとよいと思い、ここではこの「ナナメの関係」について紹介します。

2．「ナナメの関係」がもたらすもの

　　「タテの関係」である親や教員は、養育や教育に責任があるため、指導的立場にならざるを得ないときがあります。一方、「ヨコの関係」であるクラスメートなどの同じ年齢の友人は、普段は切磋琢磨しあい成長しあう関係にありますが、同時にライバルでもあるため、心に少ししんどさがあると、相

談しにくい相手となってしまいます。これに対して「ナナメの関係」は、利害関係がなく、相談しやすい相手となります。

　近代以前において「ナナメの関係」は重要な役割を果たしてきましたが、近年の教育の場や家庭において、「ナナメの関係」が少なくなってきており、再び「ナナメの関係」の必要性が指摘されています（宮澤、2011）。文部科学省（2007）も社会全体で子どもを育て守るために「ナナメの関係」の必要性を重視しています。

　それでは、「ナナメの関係」は、具体的にどのようなことをもたらすのでしょうか。「ナナメの関係」を有している青年には、以下の3つのよい影響があることが確認されています（枝廣、2011、2012；枝廣・小原、2017）。
・青年期特有のアイデンティティの危機を安定化させる。
・将来への見通しを肯定的なものにする。
・将来への見通しが明るくなることによって、進路に対する自信が大きくなり、意欲的に取り組む。

　さらに、青年期においては、自分とは異質なものを持つ友人ができるようになり、交友関係が拡大します。また、重要な他者もこの時期に親から友人へと移行するとされています（図2）。これに関して都筑（2004）は、「このような人になりたい」という人間の存在が青年の希望の形成に寄与し、そうした他者との時間の共有が青年の自己形成を促すとしています。

図2　児童期から青年期にかけての重要な他者の移行

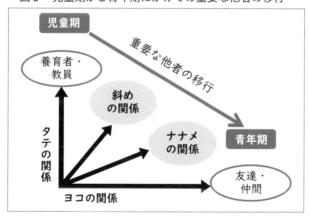

また、小山・中原（2006）も「モデルとなる他者」を持つことが可能自己（possible selves）の獲得に結びつくと指摘しています。可能自己とは、現在と未来を結ぶ認知的橋であり、いかにして現在の状態から未来の状態へ変化するかを具体的に明らかにするものです（Markus & Nurius, 1986）。

3.「ナナメの関係」の6つの役割

　「ナナメの関係」には、次の6つの役割と機能があるといわれています（澤田、2019）。これらを意識してピア・サポート活動を行うと、「ナナメの関係」を活かすことができます。大学におけるピア・サポート活動に関連づけて紹

介します。

①遊び相手・話し相手としての役割・機能

「ナナメの関係」にある者は、利害関係のない相手として、「何気ない」会話をしたり一緒に遊んだりするので、この関係は広がっていきます。ピア・サポート活動では、上級生であるピア・サポーターがレクリエーションなどを通して、関係性を築いていきます。

②相談相手としての役割・機能

①の延長線上で、「ナナメの関係」にある者は、授業の相談であったり、生活の相談であったり、少し踏み込んだ相談相手となります。ピア・サポートでいうと、ピア・カウンセリングに近いのかもしれません。

③通訳・翻訳者としての役割・機能

「タテの関係」では伝わりづらい親や教員の言葉を、「ナナメの関係」にある者はある程度近い立場だからこそ、中立的な立場で伝えることができます。年齢や立場的に近いピア・サポーターだからこそ、伝えやすいことがあると思います。

④仲介者としての役割・機能

「ナナメの関係」にある者は、「タテの関係」に対する仲介役ができます。例えば、教員に直接言いづらいことがある場合も、ピア・サポーターは教員との関係性がしっかりと築かれているので、仲介することができます。

⑤新しい視点・生き方・価値の提供者としての役割・機能

「ナナメの関係」は、新しい視点や生き方などを与えてくれることがあります。ピア・サポート活動以外の場面で見せる上級生のピア・サポーターの姿や言葉から、サポートを受ける学生は生き方や価値観などを学んでいきます。

⑥モデルとしての役割・機能

⑤とも関連しますが、「ナナメの関係」にある者には、振る舞いや生き方のモデルとしての役割・機能があります。ピア・サポーターである上級生の生き方を見て、「あの人みたいになりたい」という憧れから、下級生の具体的な生き方・将来像として伝わっていきます。

4．「ナナメの関係」を意識したピア・サポート活動

「ナナメの関係」を意識したピア・サポート活動の2つの実践を紹介したいと思います。

1つは、大学生・大学院生が、中学生や高校生とかかわった実践です。児童館や公民館などを中学生や高校生に開放して、そこで、大学生・大学院生

とかかわりながら活動をしていくというものです（枝廣、2011）。近年では、筆者もかかわっていた認定NPO法人と自治体が協力してつくった居場所が提供されています。

　もう１つは、大学の教員養成課程において、上級生がピア・サポーターとして下級生にかかわった実践です（枝廣・小原、2017）。ここでは、ピア・サポーターのかかわりが、下級生に対して、⑤新しい視点・生き方・価値の提供者としての役割・機能、⑥モデルとしての役割・機能を果たし、進路への自信を高め、意欲的に取り組むことがわかりました。

＊

　現在、多くの大学で、上級生によるピア・サポート活動が展開されています。大学におけるピア・サポート活動において、「ナナメの関係」を意識することには、さまざまなメリットがあると考えます。そして、大学でピア・サポート活動を行う際には、ここに挙げた「ナナメの関係」の役割・機能をピア・サポーターに伝えるとともに、ピア・サポーター自身も学生であることをしっかりと認識し、ピア・サポートに通じた大学教員などがスーパーバイズを行っていくことが大切になってきます。

〈参考・引用文献〉
枝廣和憲（2011）「『斜め（ナナメ）の関係』が高校生の自我発達に与える影響―ピア・サポートプログラム開発のための基礎的研究」『ピア・サポート研究』8
枝廣和憲（2012）「『斜め（ナナメ）の関係』が高校生の未来に対する時間的展望に与える影響―ピア・サポートプログラム開発のための基礎的研究」『ピア・サポート研究』9
枝廣和憲・小原豊（2017）「教員養成課程における進路選択自己効力と未来に対する時間的展望（未来展望）および斜めの関係（ナナメの関係）の関連」『大学教育学会誌』39（1）、101-106頁
笠原嘉（1977）『青年期―精神病理学から』中央公論新社
小山憲一郎・中原睦美（2006）「進路選択に対する自己効力に及ぼす影響―文系学部、医学系学部3年生を対象に」『日本心理臨床学会第25回大会発表論文集』300
Markus, H. R., & P. Nurius（1986）Possible Selves, *American Psychologist*, 41（9）, pp954-969.
宮澤康人（2011）『〈教育関係〉の歴史人類学―タテ・ヨコ・ナナメの世代間文化の変容』学文社
文部科学省（2007）「『いじめを早期に発見し、適切に対応できる体制づくり』―ぬくもりのある学校・地域社会をめざして―子どもを守り育てる体制づくりのための有識者会議まとめ（第1次）」
澤田英三（2019）「子どもにとって『ナナメの関係』はどのような役割を果たしているのか―生徒指導・進路指導において児童生徒の多面性を受容する存在として」『安田女子大学大学院紀要』24、29-43頁
都筑学（2004）「進級・進学にともなう小中学生の意識変化の検討」『教育学論集（中央大学教育学研究会）』46、45-59頁
Walters, P. A. J.（1961）Student Apathy, Blaine G. B. & McArthur C. C.（eds.）*Emotional Problem of the Student*, Appleton-Century-Crofts.（1975、笠原嘉・岡本重慶訳「学生のアパシー」石井完一郎ほか監訳『学生の情緒問題』文光堂、106-120頁）

大学生が行う地域コミュニティにおけるピア・サポート活動

松下　健（北陸学院大学）

　ピア・サポートの大家トレバー・コール氏は、ピア・サポートを「単純に人が人を支援すること」と定義し、ピア・サポートを行うスキルとそれを運営するマネジメントスキルが欠かせないと、その特徴を述べています（コール、2006）。トレバー・コール氏によれば、ピア・サポートは、学校だけでなくコミュニティ、企業、国連・ユニセフなど国際組織でも行われています。筆者が所属する大学では、大学生が地域に出向いてピア・サポートを実践しています。

　ピア・サポートは、サポートされる者だけでなく、サポートする者が獲得するメリットもあるといわれ（Price & Jones, 2001）、そのメリットを明らかにする研究が求められています。ピア・サポートに取り組む者たちはさまざまな課題を乗り越え、達成感などを経験し、仲間の間に精神的な結びつきが生まれることが指摘されています（Cowie & Wallace, 2000〔松田・日下部訳、2009〕）。そこで、仲間と協力して取り組むことで、その集団が自分の居場所になるのではないかと予想しました。このような着想のもと、ピア・サポートの実践が学生にどのような効果をもたらすのかを検討した活動を紹介します。

1．ピア・サポートの実践活動：高齢者向けの特殊詐欺被害防止啓発活動

　紹介する活動は、筆者のゼミ学生6名がある年に行ったものです。活動自体はおおむね毎年行われています。「おおむね」というのは、学生の意思を尊重し活動を無理強いしないため、学生全員の合意が形成されない場合は実施しない年があるという意味です。

　活動内容は、高齢者が特殊詐欺被害に遭わないよう注意喚起を行う啓発です。それはA県が主体となって行う事業で、県内の大学生が高齢消費者の被害防止をテーマとした寸劇を企画し、地域の老人会などで公演を行うものです。学外において学生が自分より人生経験豊富な方と接することや、他者に貢献する活動は、人間として成長するためのよい経験になるだろう。こうし

た目的を持ち、学生と話し合ったうえで、事業に応募しました。

　筆者が普段学生とかかわるときは学生が何をしたらよいか具体性のある助言をすることが多いのですが、学生同士で話し合い、考え、実行する機会を設けるため、この活動では何をすべきかを学生たちの判断に任せる方針をとりました。つまり、寸劇の制作、必要物品の買い物、小道具の作製、劇の練習など、多くの活動を学生だけで行いました。

　活動に参加する学生は、大学2年次に筆者の講義で日本ピア・サポート学会のピア・サポート・トレーナー養成標準プログラムを学びました。さらに、3年次にA県が主催する訓練と、自主的に学ぶ訓練を行いました。

　県が主催する訓練は研修会のことです。4月に県の企画に応募し、採択される団体が6月に発表されます。そして、6月に1回、その約3か月後にもう1回研修を受けます。1回目の研修は高齢者に伝わりやすい寸劇の講義と、寸劇のお手本を見せてもらうもので、2回目の研修は自分たちで考案した寸劇を披露し、講師の先生に助言をもらうものです。

　自主的に学ぶ訓練は2つあります。1つ目は、B市社会福祉協議会が行う「地域安心生活支え合い事業」に参加し、学生が民生委員の方とともに独居生活を送る高齢者宅を訪問し、インタビュー調査に参加したことです。高齢者とコミュニケーションをとり、耳の聞こえ方や生活の様子を体験的に学びました。2つ目はA県警察本部の協力を得て、県内の高齢者をねらった特殊詐欺の講義を受けたことでした。被害状況と犯罪手口の講義を受け、特殊詐欺防止機器の資料をもらい、それを寸劇披露時に配付する許可を得ました。

　A県が主催する研修会は、事業に参加する者にとっては参加義務がありました。それに対して自主的に学ぶ訓練は、学生がこれまで高齢者と特殊詐欺について学んだ経験がなかったため、活動を展開する前の準備として重要であると考え実施しました。

　警察本部で講義を受けた後、学生は寸劇の準備のため自主的に集まり、台本づくりと小道具づくりに従事しました。学生が考案した寸劇のストーリーは次のとおりでした。犯人が主人公の高齢女性に電話をかけ、息子になりすまして銀行からお金を引き出すよう巧妙に誘導し、現金をC駅で受け取ります。高齢女性は近所の友人から詐欺が疑われると助言を受け、息子に電話をして、自分がだまされたことに気づきます。詐欺対策機能付きの電話がある場合、危険を避けるため犯人は電話した時点で犯行をあきらめるという、被害に遭わないストーリーも紹介します。寸劇の最後に、警察本部からもらった資料を配付し、詐欺対策機能付きの機器を紹介しました。学生は寸劇を通じて次の5点を高齢者に啓発したいと考えました。①電話に出たとき、子どもの名前を先に言わないこと。②携帯電話の番号が変わったと言われたら、

必ず疑うこと。③銀行員に嘘をつかないこと。④自分の知らない人にお金を渡さないこと。⑤詐欺対策機能付き電話機を導入すること。

寸劇の公演は、自治体および消費者団体からの要望を県がとりまとめ、学生が依頼に応えられる地域を訪問して行いました。

1か所目の公演では、D市のある自治体における高齢者交流会に参加していた50名が寸劇を観覧しました。地域の交流会プログラムの1つに寸劇の公演が位置づけられ、公演終了後、学生は高齢者と談笑しました。

2か所目はB市婦人会のメンバー14名が寸劇を観覧しました。この団体の女性たちはA県が主催する1回目の研修会において、学生たちに寸劇の手本を披露した方々でした。当然、学生たちよりも寸劇の知識と経験が豊富で、学生の成長を確認するために公演を依頼したのでした。学生は強い緊張を覚えながら寸劇を披露しました。寸劇終了後、婦人会の方々と学生が自由に話をする時間が設けられ、婦人会の方々から学生の寸劇をよりよくするためのアイデアや助言を多数もらいました。

3か所目はD市の公民館で、3世代交流祭りに参加していた50名が寸劇を観覧しました。寸劇を披露した後、学生はそのまま祭りに参加し、地域の方々と餅つきを行いました。そして、提供された餅と食事を味わいながら、地域の方と交流しました。その後、A県職員から筆者に連絡がありました。それは、寸劇を見た人が知人に不審な電話があったことを聞き、詐欺の疑いがあると助言し、知人が被害に遭わずにすんだという内容でした。寸劇を見た方が消費者センターの職員に連絡し、それが県職員に伝達され、筆者にも連絡があり、学生がこの事実を知ることになりました。この連絡は、学生にとって自分たちの努力が人の役に立ったことを確認する大きな出来事でした。

地域における3回の公演を終え、この年の活動は終了しました。

2．ピア・サポートの実践効果

活動終了後、「一連の活動への参加から得たもの」というテーマで、学生が所感を自由に記述する機会を設けました。ただ活動を展開して終わりということではなく、そこから何を学んだか、何を得たかを個々がしっかり考える機会を提供することがその理由の1つでした。

学生から提出されたレポートを確認すると、仲間とともに活動するなかで苦労したことや、試行錯誤したことが記述されていました。苦労については、例えば「夏休み期間中全員そろうことが少ないことや、作業が思うように進まないときがあった」（ａ氏）、「他の講義による課外活動の影響で参加できない人がいるときなど、大変なことも多かった」（ｂ氏）等の記述がありま

した。試行錯誤したことは、「皆の意見は違うこともあり、まとまらないこともあったけれど、お互いの意見を尊重して、皆で1つの意見としてまとめ出し、皆が納得するよい台本がつくることができたと思った」（c氏）、「チームの士気が下がるようなことやメンバー全員に迷惑をかけないように、連帯感を大事にして取り組みました。寸劇の準備を通して学んだことは、チームの連帯感です。周りの仲間たちと役割分担することによって、それぞれの行動に責任が伴い、寸劇そのもののできばえが変わってくるからです」（d氏）等の記述がありました。予定が合わないことや、作業が進展しない苦労があり、試行錯誤し、それを乗り越え、集団として1つにまとまる努力をしたことが伝わってくる記述でした。

　教員の視点で振り返ると、週末など、他の学生が活動していない時間に自発的に寸劇の準備に取り組む学生の姿を目にしました。彼らは研修や公演の反省点を振り返り、そのつど改善策を仲間と検討していました。寸劇の公演では、想定外のさまざまな展開にも臨機応変に対応していました。これらは学内で講義を行うだけでは決して知ることができない学生の持つ可能性と力です。活動後の学生の様子を見ていると、幾分連帯感が強まったように見えました。効果を検証するために行った統計解析は、居場所感が高まることを示唆するものでした。ピア・サポートの実践には仲間とともに苦労を乗り越える経験を通じて、居場所感を高める力があると考えられます。

　ピア・サポートをよい結果に導くポイントは、ピア・サポートを行うスキルとそれを運営するマネジメントスキルです。前者は、実践内容を踏まえ、事前に必要な知識と技術を獲得する準備を丁寧に行うことが重要だと考えています。紹介した取組では、2年次の訓練によって仲間同士の意思疎通を良好にする基礎を構築し、3年次の訓練によって高齢者を支えることが可能になったといえます。後者のマネジメントスキルは、実践をマネジメントする者がピア・サポートの専門知識と技術を習得し、学会参加など研鑽を継続することが大切です。置かれた状況に適した準備を行うことが、実践において出現する課題を乗り越える最善の方略だと考えます。

〈参考・引用文献〉
コール、トレバー（2006）「世界のピア・サポートの動向と課題」（講演要旨）『ピア・サポート研究』3、73-80頁
Cowie, H., & P. Wallace（2000）*Peer Support in Action: From Bystanding to Standing By.* SAGE publications Ltd.（2009、松田文子・日下部典子監訳『ピア・サポート―傍観者から参加者へ』大学教育出版、1-47頁）
松下健（2020）「対人志向的ピア・サポート実践は参加する青年にどのような変化をもたらすのか―居場所感尺度を指標とした検討」『ピア・サポート研究』16、13-22頁
Price, S., & R. A. Jones（2001）Reflections on Anti-Bullying Peer Counselling in a Comprehensive School, *Educational Psychology in Practice*, 17, pp35-40.

海外の大学における ピア・サポートの実践

増田　梨花（立命館大学）・西山　久子（福岡教育大学）

　本稿では西山が1、2で海外の大学でのピア・サポートを概括し、増田が3、4でカナダの大学におけるピア・サポートの実践について紹介します。

1．多様な学生支援（Student Support）とピア・サポート

　大学は、複数の側面で、入学者の学びへの適応を支える役目を担っています。大学の学生は、未成年からシニアまで年齢的にも幅が広く、さらに、地域外からの入学により転居してきたり、他国から留学してくる者もいます。中等教育までに比べて、多様な属性からなる学生たちの大学生活への適応を目指していくことになります。すべての学生がアカデミックな学びに向かえるよう、大学教職員による学生支援サービスのみならず、学生が相互に支え合える関係性をつくることが、将来的な学びの深化に役立つのです。

　アメリカやイギリスおよびオーストラリア、カナダなどの総合大学では、主に学習支援・心理支援・健康支援・福祉支援・社会活動支援・キャリア支援という6領域の内容について、一般の学生だけでなく、必要に応じて留学生や障害学生への支援が行われています。ネイティブアメリカンやアボリジニなどの少数民族出身学生への支援などもあります。

　これらの学生支援すべてにおいて、大学教職員が直接的な介入を行うには限界があります。そこで、ピア（仲間）の力を活かした支援に期待が寄せられます。本人から援助ニーズを表明されて援助職や大学職員が支援を行うのでは後手に回りかねないところ、ピア・サポートによって支援課題を早期に見出し、困難な状況に陥らないよう予防的な対応を行うのです。つまり、大学のピア・サポートは学生支援と連動した予防的支援と言えます。

2．海外の学生支援におけるピア・サポート活動の特徴

　海外の大学で行われている前述のような学生支援の領域で、ピア・サポート活動は、①専門家や支援者および関係教職員の管理のもとで実施される無

償の活動、②大学に雇いあげられた有償の活動、③学生による自発的な活動に分けられます。上記①②③の典型的な学生支援の取組の例を次に示します。

マイノリティ支援（例：Indigenous Support Program）：大学進学者が少なく、固有の文化を基盤とするコミュニティ出身であったり、移民で保護者に大学進学経験がなかったりする家庭からの志願者・学生の支援を行う（①）。

学習支援（例：Learning Center）：選考を経た学生が、大学スタッフの管理のもとで、一般学生や留学生のレポートの校正などの支援を行う（②）。

生活全般支援（例：International Student Association）：学内組織として、既存の留学生や異文化等に興味のある学生が新規留学生を支える（③）。

こうした活動で被援助者と支援をつなぐには、ピア（仲間）の存在が不可欠です。特にマイノリティ支援のように限定された集団の支援では、単なる仲間であるだけでなく、経験者・当事者としてのピアの関与が重要になります。

3．カナダにおけるピア・サポート活動の歴史

カナダのピア・サポートの実践は、1970年代に、ブリティッシュコロンビア大学のレイ・カー氏の指導で始まりました。

きっかけは、高校生を対象にしたスクールカウンセラー（以下、SC）活用状況についてのアンケート調査でした。この調査でわかったのは、生徒たちのSC活用度が低いことと、生徒が学校生活の中で最も関心が高いものとして挙げたのが「友達をつくり、友情を保つこと」だったことです。

その後、トレバー・コール氏やデイビッド・ブラウン氏らによって、SCと生徒との関係改善や生徒が生徒を支援するピア・サポートのシステム構築を目的に、小・中・高校におけるピア・サポートのトレーニング・マニュアルが具体化されました。それが現在では、チャイルドケアー（幼稚園・保育園）の幼児教育にも広がり、さらに、地域、企業、高齢者、障害者など、さまざまな分野で使われ、ピア・サポート活動が展開されています。

4．ブリティッシュコロンビア大学（UBC）と
サイモンフレーザー大学（SFU）におけるピア・サポート活動

カナダのブリティッシュコロンビア州にあるブリティッシュコロンビア大学（以下、UBC）とサイモンフレーザー大学（以下、SFU）という州立総合大学におけるピア・サポート活動を紹介します。2校とも、カナダ全域のみならず、全世界から多様な個性や能力を持った学生が入学してきます。

UBCは、世界中から多くの留学生を受け入れており、現在は約7000人近い留学生がUBCで学んでいます。筆者（増田）の所属する立命館大学は、

UBCとは交換留学の提携校で、立命館大学からは毎年100人以上の交換留学生がUBCのキャンパスで学んでいます。UBCの敷地内に立命館大学の施設として、カナダと日本の交換留学生のための寮、「立命館UBCハウス」があります。立命館大学から事務職として日本人が1人常駐しており、留学生に対してきめ細やかなサポートをしています。寮はカナダ人と日本人留学生がペアでルームシェアをしているそうで、施設内には畳の部屋があり、日本の文化を伝える工夫もされています。

　もう1つの大学、SFUは、「Engaging the World」というスローガンを掲げ、UBCと同様に日本のみならず世界中から多くの留学生を受け入れています。SFUの特徴としては、キャンパス内に学生相談室が設置され、カナダの母国語である英語やフランス語のみならず、留学生の母国語に対応できるように、さまざまな言語を話せるカウンセラーが複数名常勤で働いていることです。1人のカウンセラーが、5か国語以上は話せるということに筆者は驚きました。

（1）ピア・サポートプログラム「タンデムプログラム」導入の背景

　上記2つの大学に共通する留学生対象のピア・サポートプログラムとして、「タンデムプログラム」があります。

　このプログラムに関して、UBCの講師でかつSFUの学生カウンセラーでもあり、ピア・サポートのプログラムのファシリテーターのチームリーダーであったリビーにインタビューを行いました。

　2つの大学では、海外からの留学生が年々増加し、それに伴い、カナダ人の学生と国外からの非母国語話者である留学生とが日常的にかかわる機会も増えていました。そこで、ともに学ぶことの必要性が生じるようになり、「WIN WIN」になるように、後述するような互恵性が原則となるタンデム学習をベースにした「ランゲージ・エクスチェンジ」のピア・サポートプログラムを推進することになったそうです。

　「タンデム」というのは、一般的には、縦に座席の並んだ二人乗りの自転車のことを指します。リビーによると、タンデム学習を取り入れた「ランゲージ・エクスチェンジ」の語学相互システムは1800年代にイギリスで確認されており、1960年代後半から1970年代初めにかけて「タンデム」と呼ばれるようになったそうです。2人が力を合わせて、ペダルを踏む（タンデム学習を行う）ことでより自転車の走行距離は長くなり（語学のスキルが向上する）、それにつれて2人の心の距離はその協働作業の中で縮まっていく（信頼関係ができる）のが特徴だそうです。

　タンデム学習をベースにした「タンデムプログラム」の1つである「ランゲージ・エクスチェンジ」では、カナダ人の学生と、カナダ以外からの非母

国語話者の留学生、すなわち異なる母国語を話す2人がペアになり、互いから学び合うために活動をともにします。活動をともにするうちに、2人は互いに相手の母国語でのコミュニケーションスキルを向上させることができ、さらに互いの知識や経験をシェアすることで、互いの理解が深まります。タンデム学習に基づく「タンデムプログラム」の「ランゲージ・エクスチェンジ」でのピア・サポートは、「互いの文化的背景も同時に学習することができ、大きな成果が得られます」と、リビーが話してくれました。

（2）タンデム学習をベースにした「ランゲージ・エクスチェンジ」の仕組み

　筆者は2018年春、UBCやSFUのファシリテーターのリーダーたちにインタビューを行いました。彼らによると、「ランゲージ・エクスチェンジ」では、最初の2人組のペアのマッチングが一番重要だそうです。それは非常に骨が折れる作業だけれど、それだけにやりがいのある作業だと話してくれました。

　まず、「ランゲージ・エクスチェンジ」を希望する学生を募り、学生たちにオリエンテーションを行った後、個々のさまざまな情報をネット上に入力してもらいます。それらの情報をもとに、ファシリテーターは慎重に丁寧に時間をかけてマッチング作業を行うそうです。ファシリテーターは、自身が学部時代に「ランゲージ・エクスチェンジ」の経験がある大学院生です。

　マッチングのベースとなるデータには、例えば趣味や家族、専門分野、行きたい場所、紹介したい本や映画、自身の学習する言語の目標とするところ等、多岐にわたるデータが入力され、それをすべてファシリテーターが読み込んで理解し、マッチング作業を進めていくとのことでした。

　ただし、開示可能な情報のみを入力してもらうため、情報にも限界があります。そこで、場合によってはファシリテーターが学生と対面式で面談を行い、さらなる情報を得たうえでマッチング作業を進めていくとのことでした。

　前述のリビーによれば、マッチングをしても、互いのタンデム学習がうまく促進されず、ペアを解消し、次のペアのマッチング作業を行うことも多々あるとのことでした。「マッチングがうまくいったペアからのフィードバックは、ファシリテーターの喜びややりがいにつながります」とも話してくれました。

　また、ファシリテーターが困ったときや悩んだときは、スーパーバイズを受けるシステムがあります。スーパーバイザーは、トレーニングを受けた教職員や学生相談のカウンセラーが行うそうです。1週間に1回はファシリテーター同士のミーティングがあり、ファシリテーター同士で困りごとをシェアしたり、お互いに相談しあったりすることができるピア・サポートシステムがしっかりと構築されているとのことでした。

理論編　深める

青年期の自己形成とピア・サポート活動

春日井　敏之（立命館大学）

1. 青年期の発達課題と自己形成

（1）自立性、協働性の再編、統合と自己形成

　青年期は、広義には中学生・高校生から大学生までの期間としてとらえられ、就職、結婚などを通して社会に着地することによって成人期へと移行していきます。社会的自立は、高校や大学の卒業を迎えた青年たちにとっては直面する現実的なテーマであり、青年期から成人期の課題として引き継がれます。具体的には、経済的自立、精神的自立、性的自立、居場所の獲得、社会的役割、政治参加、シチズンシップ、ライフスキル、多文化共生といった視点から、その内容が論じられてきました。しかし、これはある到達した状態を指すのではなく、社会とつながって自分を主体的に生きるプロセスであり、人は誰もがその道の途上にあるといえるのではないでしょうか。

　私たちがヒトとして生まれ、人間として育っていくプロセスを概観すると、そこには、2つの志向性の発達が見られます。1つには、独立した個として主体的な存在にこだわりながら自立性を志向すること。2つには、家族、学校、地域、社会、世界などとかかわりながら社会的な存在として協働性を志向することです。青年期は、この自立性と協働性を自分流に再編、統合しながら、自己を形成していく時期なのです。E・H・エリクソン（2011）は、発達論のなかで、これを自己意識と他者承認の統合としてとらえ、アイデンティティ（自己同一性）と呼びました。ここには、自己の心理的な意味における同一性と他者との社会的な関係における同一性という、なかなか困難な2つのテーマとその再編・統合という大きな課題が存在しているのです。

（2）発達の重層的構造と多様な学生支援の課題

　発達のプロセスは、①乳幼児期における親との身体的なかかわり、甘えを受けとめてもらえる安心感等を通した人間への基本的な信頼感の獲得、②学

童期における友人と群れて遊ぶような体験や、大人の技を学びながら誰かのために働くこと等を通して身につく社会性や自立性の獲得、③思春期における親密な友人との出会い、親および自分自身と向き合う葛藤体験等を通した自己の解体・再編、④これらを経て、青年期である高校から大学にかけて、「社会とつながって自分を主体的に生きる」ための自己の再編・統合の時期を迎えるわけです（春日井、2008）。しかし、この発達の構造は段階論ではなく重層的であり、それぞれの発達段階におけるいわば積み残しを抱えて大学に入学してくるような青年も少なくないのです。

　例えば、客観的には力量があるにもかかわらず自己否定感を抱えている学生、逆に基礎的な学力が乏しく大学での学びに苦戦している学生、親から自立して生きたいのにその心理的な呪縛に囚われている学生、一人で頑張ってきたために失敗を恐れうまくSOS（援助希求）が出せない学生、集団に入るのが苦手で授業にも出にくくなっていく学生、友人と話したいけれど気遣いしすぎて話せないでいる学生、問題意識が持てなくて卒業論文のテーマが決まらずなかなか書けない学生、発達特性を持っていて人間関係でつまずいている学生、異なる文化、習慣、人間関係になじみきれない留学生、困難な家庭環境のなかでアルバイトをしながら自活している学生などです。

　こうした学生も含めて、徐々にゼミやサークル活動、社会的活動などのなかに自分の居場所を見つけて根を張っていく学生、人間関係は苦手だけれども、図書館に毎日通ったり好きなことに没頭して、そこから人間、文化、自然などとつながって生きている学生もたくさんいます。ここに、青年期である現代の学生の発達課題と支援の課題、および成長の可能性があることをリアルにとらえ、その成長のための支援をしていく必要があるのです。それはまさに、自立性と協働性にかかわる自己形成の課題であり、心理的な意味と社会的な関係にかかわるアイデンティティ形成が課題となっているのです。

２．大学におけるピア・サポート活動の柱と支援者の姿勢

　ピア・サポート活動とは、仲間による支援活動を意味し、移民を多く受け入れてきたカナダで1970年代に、レイ・カー（Rey Carr）の指導で始まりました。その後、トレバー・コール（Trevor Cole）らによって、小学校、中学校、高校におけるトレーニング・マニュアルが具体化され、広まっていきました。こうした実践は、アメリカ、オーストラリアなどの多文化社会で広がり、ヨーロッパやアジアにおいても取組が広がっています。

　対象は、小学校、中学校、高校などの子どもたちだけではなく、大学生、地域会社、高齢者、障害者など広く、さまざまな分野で活動が展開されてい

ます。学校における具体的な取組としては、ピア・サポーターの組織化、傾聴、コミュニケーション、問題解決、対立解消法などの支援スキルのトレーニング、具体的な援助計画、援助・相談活動の実施、振り返り（交流、評価）といった内容で実践が進められてきました。

イギリスのヘレン・コウイー（Helen Cowie）ら（2009）は、学校や地域における若者に対するピア・サポートモデルについて、1つには情動面でのサポート（力になること、仲介、対立の解決、カウンセリングに基づくサポートなど）、2つには教育や情報提供でのサポート（ペアの仲間による教え合い、仲間間での教育、アドバイスなど）を強調しています。そのためのピア・サポーターに求められるスキル、姿勢として、コミュニケーションスキル、積極的傾聴、問題解決の姿勢を挙げています。

この点は、日本の大学におけるピア・サポート活動を展開する際にも共通する重要な指摘ではないでしょうか。私は、多様な学生から見えてくる課題として、次の3点があると考えています。1つには学修に関する課題（初年時教育、アカデミックリテラシーなど）、2つには人間関係に関する課題（社会性、協働性）、3つには自己意識に関する課題（自己理解、自立性）です。これらは、学生の自己形成にかかわる課題であり、大学にとっては学生支援の課題であり、ピア・サポート活動の課題にもなっていきます。こうした点も含めて、これまでに何度か会って話をうかがってきたトレバー・コール氏やヘレン・コウイー氏のピア・サポートモデルなどに関する知見と、日本の大学においてこれまでに蓄積されてきた多様なピア・サポート活動の展開には、重なりも多く見られるととらえています。

これまで取組が行われてきた大学では、現在の学生実態を踏まえながら今までのピア・サポート活動のあり方を検証し、改めて意味づけしながら大学全体の取組として位置づけし直していくこと。取組を始めようとしている大学では、学生実態を踏まえた支援課題を明確にしながら、できるところからピア・サポート活動を工夫して行っていくことが大切です。その際に、支援課題が異なっても、ピア・サポーターとなる学生の研修、トレーニングとして、「コミュニケーションスキル、積極的傾聴、問題解決の姿勢」の3点は共通する基礎になっていきます。いずれにしても、学生同士が支え合う大学として、また、その取組を積極的に教員、職員が支援している大学として、大学の内外にアピールしていくことができるのではないでしょうか。

3．援助者に求められるコミュニケーションと傾聴のスキル、姿勢

コミュニケーションには、「情報発信」「情報取得」（一方向）と「意味の

共有」「意思疎通」(双方向)の2つの意味があります。特に、双方向のコミュニケーションが重要であり、子ども・青年のコミュニケーション力の低下を嘆く前に、学校や家庭おいては、私たち大人のコミュニケーション力、かかわり方が問われているのではないでしょうか。具体的には、「問う、聴く、語る」ことを軸にした次のかかわり方が大切です（春日井、2014）。

　第1に、「問う」というかかわり方には、3つの意味があります。1つには、問い詰めるのではなく、「どうしたんや」と気になる子ども・青年に問いかけること。この積み重ねで「あなたのことをいつも気にしているよ」というメッセージは伝わっていきます。2つには、「子ども・青年の言動の意味を自らに問う」という子ども理解の姿勢を持つこと。子ども・青年は、誰に対して、どんなSOSを発信しているのかを問うことです。3つには、一人でわからないときには、「周辺の友人や同僚などと、子ども・青年の言動の意味を問い合う」というネットワーク支援の姿勢を持つことです。

　第2に、「聴く」というかかわり方で最も大切なのは、「負の感情を聴き取る」ことです。それが、不安やストレス、葛藤などを読み拓き、信頼関係を築いていく扉になることが多いのです。感情を聴いてくれる他者と出会うことで、子ども・青年は課題と冷静に向き合ったり、一区切りをつけたりできるのです。①感情を聴き取る、②途中で否定せずに聴く、③一緒に悩み考えながら聴く、④言語化を急がないで寄り添う、⑤限界をわきまえて聴く、⑥前提として、ねぎらい、ケアの姿勢で接することが大切です。子ども・青年の聴く力は、聴いてもらう体験の蓄積のなかで育つのではないでしょうか。

　第3に、「語る」というかかわり方で最も大切なのは、「大人が自分を語る」ことです。「先生もうれしい」「お父さんもうれしい」「お母さんもうれしい」という一言は相手を励まします。さらに、子ども・青年と同じような時期に、どんな失敗をしてきたのか、そのとき誰に助けてもらい、どうしのいで現在に至ったのかなどをリアルに語ることです。子ども・青年にとって、プロセス抜きの成功談は、大人の自慢話にしかなりません。これは、生き方を考え合うキャリア教育の中軸にもなっていきます。教員や職員も一人の人間として、「アイ・メッセージ」を伝えることを大切にしていきましょう。

〈参考・引用文献〉
コウイー、ヘレン／パッティ・ウォレイス（松田文子・日下部典子監訳）(2009)『ピア・サポート―傍観者から参加者へ』大学教育出版
エリクソン、エリク・H（西平直・中島由恵訳）(2011)『アイデンティティとライフサイクル』誠信書房
春日井敏之（2008）『思春期のゆらぎと不登校支援―子ども・親・教師のつながり方』ミネルヴァ書房
春日井敏之（2014）「つながって生きる―子ども・青年の自己形成と支援を考える」日本生活教育連盟編『生活教育』786号、56-63頁

傾聴理論と
ピア・サポート活動

高野　利雄（群馬パース大学）

1．傾聴はピア・サポート活動の土台である

　　傾聴とは、話し手が言語・非言語の表現によって伝えてくる思いをありのままに受けとめ寄り添っていくことで、ピア・サポート活動には不可欠とされています。日本ピア・サポート学会による資格認定（ピア・サポート・トレーナーなど）ではカウンセリング研修が要件となっていて、カウンセリング研修には傾聴の理論と演習が必ず入っています。また、ピア・サポーター養成トレーニングのプログラムにも傾聴が取り入れられています。

　　よいサポーターは、解決課題に直面している人（当事者）が自分の力を発揮して取り組んでいけるように「自助の支援（サポート）」をします。サポーターが傾聴することで、当事者は鏡に映った自己を見る（ミラーリング）ように、自己理解をしながら課題に取り組んでいけるようになるのです。

2．その人の人生は、その人のもの

　　カウンセリングには「その人の人生は、その人のもの」という基本的な観点があります。人生の場面場面での認知のあり方・感情の動き・行動選択はその人なりのものであり、かつその人なりに意味づけをしていると考えます。

　　思うようにいかない、自分らしくいられないといった悩みを抱えた相手にピアとしてサポートしたいと思うとき、まずはその人が直面している出来事が何で、どのように受けとめていて、どんな行動をとろうとしているのかをしっかり傾聴し、「その人のもの」として理解しなければなりません（図1）。

3．沈黙とオープンクエスチョン、クローズドクエスチョン

　　解決課題に直面して悩んでいる人を相手に傾聴するとき、話すペースは相

図1　その人の人生は、その人のもの

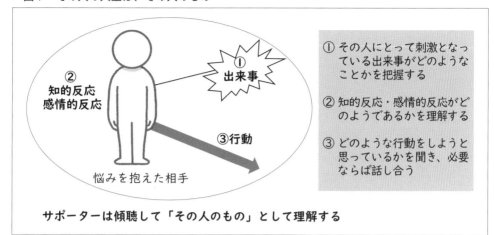

① その人にとって刺激となっている出来事がどのようなことかを把握する

② 知的反応・感情的反応がどのようであるかを理解する

③ どのような行動をしようと思っているかを聞き、必要ならば話し合う

サポーターは傾聴して「その人のもの」として理解する

手に任せます。ゆっくりかもしれませんし、早口かもしれません。なかなか本心は言わないかもしれません。沈黙が続くかもしれません。傾聴とは、それらのすべてにその人の思いがあるとして、そのままを受けとめていくことになります。相手＝話し手（当事者）は自分の沈黙と付き合いながらでも、またどんなことを話しても批判や評価をされずに受けとめてもらえるという聞き手への信頼を感じながら、安心して自分を表現していくことができます。それによって自己理解を深めることができるのです。

　ここで、対応技法のひとつであるオープンクエスチョンとクローズドクエスチョンについてふれておきます。

　オープンクエスチョンとは、「いかがですか」「もう少し聞かせてください」というように、話の内容を話し手に任せるような質問の仕方です。話される内容が話し手の思いや関心を表現していますから、出来事と知的反応・感情的反応を整理した傾聴のフィードバックによって、話し手の自己理解が深められていきます。

　クローズドクエスチョンは「赤が好きですか」「はい」と言ったように、「はい」「いいえ」で答えられるような質問の仕方です。話し手が答えてくれたことは情報となりますが、そもそも聞き手の関心からの質問なので、続けていると聞き手のペースで進んでいくようになり、傾聴とは違うものになってしまいます。

4．傾聴対応の定型「○○について、△△なんですね」

　ここまでのところで、対応事例を考えてみましょう。

　ある大学生が、「彼がメールの返信をなかなかくれないので不安になってしまうんです」と言ってきました。

対応例①「そうですか。彼がメールの返信をなかなかくれないので不安に
なってきてしまうんですね。ⓐもう少し聞かせてくれますか」

対応例②「………………。ⓑどんなことを考えてしまうんですか」

対応例③「………………。ⓒすぐに返信がほしいんですね」

　対応の前半は、出来事とそれに対する感情的反応をフィードバックしています。話し手は自分を見る思いで「そうなんです」と答えるでしょう。話し手の自己理解、聞き手の他者理解が進行していきます。

　対応の後半のⓐ・ⓑ・ⓒを比べると、ⓐが最もオープンクエスチョンで、話し手は自分が話したいことを自由に話せます。「あなたの思いをそのまま聞きましょう」という聞き手の姿勢がうかがえます。傾聴の態度です。ⓑやⓒは聞き手の関心が入っていて、話し手のペースから離れていきそうですので注意が必要です。もし、「………………。ⓓ大丈夫ですよ。そんなことってよくありますよ。考えすぎではないですか」となったら、これはクエスチョンではありません。聞き手による激励、同情、助言、提案であって、傾聴の態度とはいえず、「自助の支援」にはならない（サポートにはならない）のです。

5．受動的な聞き方と能動的な聞き方

　ピア・サポート活動では、解決課題に直面している相手の「自助の支援」として傾聴の態度と技法を活用します。当事者が自分のペースで話し、自己理解を深め、自分ができるやり方で解決していけるようになるためです。サポーターは目を向け、耳を傾けて、当事者の身になって理解しようとし、鏡になってフィードバックすることで「自助の支援」をしていきます。

　傾聴技法の内容は、「受動的な聞き方」と「能動的な聞き方」です。これはカウンセリングプロセス（図2参照）のすべてを通して活用されるものです。

　当事者が自己理解を深めるように、サポーターがフィードバックできるようになるまでの過程の傾聴を受動的な聞き方といいます。相手を尊重する態度で、①黙って聞く、②うなずく、③あいづち、④うながす、という技法を活用して相手の理解（他者理解）に集中します。能動的な聞き方であるフィード

図2　カウンセリングプロセス

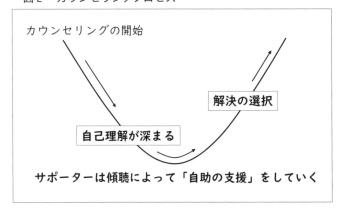

カウンセリングの開始

解決の選択

自己理解が深まる

サポーターは傾聴によって「自助の支援」をしていく

バックは、出来事と知的反応・感情的反応で構成されます（傾聴対応の定型）。ここでは、⑤繰り返し、⑥要約・言い換え、⑦気持ちをくむ、という技法を活用します。サポーターは、①から⑦までのトレーニングを幾度も重ね、身につける必要があります。

6. 当事者に自己明確化と解決の選択が起こる

　　当事者は、サポーターの傾聴によって自己理解と同時に自己明確化を体験していきます。サポーターによってより深い人間理解の傾聴とフィードバックがなされた場合です。例えば、

1. 自分は〔イヤ、困る、つらい、悲しい、淋しい、心配、不安などの否定的感情〕を持っている
2. 自分は何が〔イヤ、困る、つらい…などの否定的感情〕なのか
3. 自分は何を求めているのか
4. 自分は何をしたいのか
5. それを妨げているものは何か
6. どうなったらいいのか、どうしたいのか
7. それは可能か（自分でできるか、自分は何をしたらいいのか）

というようなことが明確になっていくのですが、それによって自分なりの解決策を選択することができます。それがサポーターの傾聴によって促進されるのです。これがカウンセリングプロセスの全体で起こります。

7. 傾聴を成り立たせる5つの要素

　　最後に、傾聴する者（聞き手、サポーター）が、相手に対して心がけることとして示されている「傾聴を成り立たせる5つの要素」を整理しておきます。ここまでの本文中では使用しませんでしたが、知っておいていただきたい用語です。

- **人間尊重**　目の前にいるその人の人権と人格を尊重する態度を自らに課す。
- **受　　容**　その人のすべてをその人のものとして、ありのままに受けとめる。
- **共感的理解**　その人が味わっている感情を吟味し理解する。同感・同情ではない。
- **自己一致**　傾聴する自分の心の状態が相手に向いているかどうかを知る。
- **ＦＥＬＯＲ**　"Face／Eye Contact／Lean／Open／Relax" の頭文字。相手のほうを向き、表情を見て、姿勢を正し、聴く体勢を整える。

ファシリテーションと
スーパービジョンの理論
ピア・サポーターとしての
大学院生・大学生に向けて

増田　梨花（立命館大学）

　　本稿では、本学におけるピア・サポート活動実践におけるファシリテーションやスーパービジョンについて述べたいと思います。

1．大学生のピア・サポート活動におけるファシリテーション

　　大学において小集団学習を通して学生がピア・サポートを学ぶ場合、教員はファシリテーターの役割を果たすことがあります。グループワークにおいては、学生が自らさまざまなことを見聞きし、考え、感じ、自分たちで悩みながら判断して行動することを重視しています。学生一人一人には個性があり、それぞれの背景にも違いがあります。そうした学生たちの小集団活動を「促進する人」という意味を持つのがファシリテーターです。学生のグループ活動の効率が下がらないよう、時には教員がグループに参加して、ファシ

図1　宮城県石巻市・女川町におけるピア・サポート活動
　　　「絵本と音楽のコラボレーション　ライブイベント」の様子

リテーターの役割を担うことがあります。

　筆者は立命館大学の大学院生や修了生らとともに「チーム石巻」を結成し、毎年、東日本大震災の被災地、宮城県石巻市、女川町を中心に、仮設住宅や保育園、精神障害者施設、高齢者施設等を訪れ、ピア・サポート活動「絵本と音楽のコラボレーション ライブイベント」を行っています（図1）。例えばこの活動において、まず、ファシリテーターである筆者は、参加希望の学生たちを対象に、オリエンテーションを行います。

　その際、2011年から行われている活動の歴史や現地の様子、そして、「絵本の読み合わせや音楽とのコラボレーション」を活用した被災地支援イベントの効果についてのレクチャーを行います。すなわち、臨床心理学の立場から「絵本」と「音楽」の融合が人々に「リラックス効果」「ストレス緩和」等の効果があることを実証してきた学術研究成果をもとに、現在では復興地で暮らす人々の地域コミュニケーションの活性化や高齢者層の社会参加、若者のソーシャルスキルアップ等に活かすのを目的としていることを伝えます。

　その後、学生たちは現地に赴くまでにさまざまな準備を行い、実際に現地でイベントを行いますが、ファシリテーターである筆者は、学生の学習活動を促進するために、以下の3つのポイントを重視し、学生のピア・サポート活動のファシリテートを行っています。

①**学生の活動へ向けてのモチベーションが維持できるようにコーディネートすること**　学生のニーズに合わせ、短時間であってもオフィスアワーを設けて、学生たちの悩みや不安をしっかりと聴き、質問や疑問には真摯に応じる。学生がリラックスして自己開示できる環境づくりを心がけ、ピア・サポート活動へ向けての学生の関心やモチベーションが維持できるようにサポートする。

②**学生のディスカッションを促すようにコーディネートすること**　例えば、イベントに使用する絵本や音楽の選択など、被災地の対象者に添った選択ができるように、学生たちの調べた情報（絵本や楽曲）を出し合い、学生

図2　絵本や楽曲選択のミーティングと現地のコーディネーターのミニレクチャー

たちでディスカッションをしながら考えていくプロセスをエンパワーする。さらに、現地のコーディネーターからアドバイスをもらえるようにセッティングをし、最終的に学生が絵本や音楽を自ら決定できるようにコーディネートすることで、学生の課題発見や問題解決能力やディスカッション能力、判断力を伸ばすようサポートする（図2）。

③**学生の振り返りを促すようコーディネートすること**　ピア・サポート活動後に、活動時のビデオカメラや写真で撮影したものを視聴する振り返りの時間を設ける。学生とともに活動の全過程を振り返ることで、学生の視点からよかった点や改善点を見出し、その結果を踏まえて、活動全体のデザインを見直すためのディスカッションを促す。また、現地のコーディネーターや活動に参加した学生以外の人たちからも活動に対するコメントや感想をあらかじめ入手しておき、それを学生に提供することで、学生が自らの活動を多角的にとらえることができるようにサポートする。

2．大学生のピア・サポート活動におけるスーパービジョン

　スーパービジョンは、元来、心理療法のスキルの向上を目指すうえでの教育方法でした。現代においては精神医学、臨床心理学にとどまらず、福祉、教育、介護、看護などの分野で一般的な教育方法として広く用いられています。例えば、カウンセリングにおいては、カウンセリングの初心者が自ら担当したケースについて、カウンセリングの専門家もしくは指導者に意見や指導を求め、今後のクライエントとの面接や治療に活用することを指します。

　スーパービジョンの形態として、スーパーバイジーとスーパーバイザーが1対1でスーパービジョンを進める方法もあれば、スーパーバイザーが1人で、スーパーバイジーが数人いる小集団のグループスーパービジョンの形態があります。

　さて、大学生のピア・サポート活動におけるスーパービジョンの定義については、サリー大学のヘレン・カウイ（Helen Cowie）氏は「ピア・サポートのスーパービジョンは、監督するとか監視するという意味ではなく、学生の活動を教員が一緒に考え、学生に新しい気づきを与えていくことを意味します。何よりも、活動をしている学生の安全・安心につながるようなサポートを確実にすることです」と言っています。ヘレン・カウイ氏は、イギリスのピア・サポートの第一人者で、これは2008年夏に筆者が訪れてインタビューしたときの言葉です。

　さらにそれから10年後、カナダのピア・サポートの第一人者であるトレバー・コール（Trevor Cole）氏宅に筆者が2018年夏に訪問した際、ピア・サ

ポート活動のスーパービジョンについてインタビュー調査を行ったところ、ヘレン・カウイ氏とまったく同じような内容のことを話されました。「スーパービジョンの基礎の中心となるものは、学生の生命の安全、健全性、心の安心を担保することです」と熱く語っておられるのが印象に残りました。

　筆者の所属する立命館大学人間科学研究科では、大学院生が日本ピア・サポート学会のピア・サポートコーディネーターの資格を持っている大学教員にトレーニングを受け、その後、ピア・サポート・トレーナーとして、実際に立命館大学附属高校や近隣の高校に出向き、高校の先生と協働で授業を行うというピア・サポート活動を行っています。この大学院生のピア・サポート活動において、教員である筆者は時にはスーパーバイザーの役割を果たすことがあります。

　筆者は、大学院生を対象としたスーパービジョンを2通りの方法で行っています。1つ目は、個別のスーパービジョンです。個別にスーパービジョンを行うことで、個人のニーズを引き出し、個人に合った助言やサポートを行うことができます。時間も十分に確保し、お互いの共通の守秘義務について確認した後、学生の悩みや不安を傾聴します。学生がどのような気持ちで活動を行い、何に悩んでいるかをスーパーバイザーとして把握した後、学生のモチベーションが上がるように、改善策を学生と一緒に考えます。

　2つ目は、グループで行うスーパービジョンです。これは、活動を行っているグループ全員で定期的に行います。まず、一人一人に活動の報告をしてもらい、その後、悩んでいるケースについて皆で考えます。時には、困難な状況をロールプレイのような形で行うこともあります。例えば、一人が高校生役、一人が大学院生役としてロールプレイで演じてもらった後、どのように課題解決していくかを、具体的なイメージを持ちながら、グループでアイデアを出し合い考えます。グループみんなで知恵を出し合って考えることで、学生の孤立を防ぎ、グループの一体感を味わうことができるのです。筆者のグループスーパービジョンは、学生同士のピア・スーパービジョンも含まれる形態をとっており、教育的効果が高いと考えます。

　個別であれ、グループであれ、筆者の考えるピア・サポート活動におけるスーパービジョンでは、ヘレン・カウイ氏やトレバー・コール氏が示される「学生の生命の安全、健全性、心の安心を担保すること」を未来の社会を担う学生たちとともに学び続けていく姿勢が大切であると考えます。

マルチレベルアプローチとピア・サポート

栗原　慎二（広島大学）

1．マルチレベルアプローチとは

　マルチレベルアプローチ（Multi-Level Approach　以下、MLA）とは、海外では一般的な包括的生徒指導アプローチ（Comprehensive School Guidance and Counselling Approach　以下、CSGCA）を、日本に合う形に修正したもので、私の造語です。MLAもCSGCAも本質的には同じものと考えていますが、MLAの特徴はCSGCAに比べて、その強調点がパーソナリティの発達や社会性の発達にあることと、深刻な問題への対応よりも、問題発生の予防や能力の開発に比重を置いている点にあると考えています。

　MLAの原点となる取組を始めたのは2003年ですが、MLAという言葉を使い始めたのはその数年後からでした。この取組の効果は非常に高く、私自身の予想を上回るものでした。ある自治体では、不登校の発生率が75％減少、警察による検挙補導数が95％減少、学校満足感ほぼ10年連続で改善、学力も大幅向上といった効果が出ています。成長支援的なアプローチなので、やればやるほど子どもたちの成長が促進されていく実感があります。

　MLAは基本的には幼稚園・小学校・中学校・高等学校で実践されているプログラムですが、私自身は大学の教員として同様の視点で学生指導を行っており、大学生に対しても十分に効果的なプログラムであると感じています。そして、このMLAの取組の中核をなしているのがピア・サポート活動です。

2．MLAとCSGCAの基本的な特徴

　MLAとCSGCAの基本的な特徴は2つあります。1つは、包括的という言葉のとおり、支援が必要な領域が多領域にわたるということです。例えば、大学の履修登録をどうすればよいかわからないといった比較的シンプルな問題で困っている学生もいれば、友人もなく一人で鬱々とした日々を過ごしている学生や、精神的な病理を抱えている学生もいるでしょう。大学の授業に

ついていけず留年する学生もいますし、大学生活に興味を持てずバイト三昧の生活を送っている学生もいます。このように、学生たちの支援ニーズは日常生活にかかわるものから、社会面、心理面、学業面、キャリア面など、多岐にわたっているということです。

もう1つは、支援ニーズの深さも多様であるということです。マルチレベルという言葉のとおり、例えば社会面をとってみても、通常の学生生活は送っているけれども地方から出てきてなかなか知り合いができないといった水準の問題で困っている学生もいれば、発達障害があって集団に適応できず何とか大学の授業だけは出ているといった学生や、履修すらままならず引きこもり状態になってしまうといった深刻な水準にある学生もいます。

この、多領域性と多層性を踏まえることが、大学におけるピア・サポート活動では重要になります。

3．学生によるピア・サポートの領域と水準

大学におけるピア・サポートでは、どんな活動をしていけばいいのでしょうか。この質問に答えるためには、水準を適切に考えることが重要だろうと思います。CSGCAでは、一般的には、支援ニーズによって支援対象者を、深刻度の高いほうから、「治療的水準」「予防的水準」「開発的水準」の3層に分けます。ピア・サポート活動を企画する場合、どの水準の支援対象者に向けた活動になるかを考える必要があります。

まず、「治療的水準」にある支援対象者に対する活動ということになると、ピアによる支援だけでは十分な支援にはなりませんので、より専門的な支援とピア・サポートを絡めた活動を実施することが必要になります。重要な活動ですが、十分な配慮が必要であるため、保健管理センターとの連携は必須になるでしょう。

「予防的水準」にある支援対象者に対しては、さまざまな活動が考えられますし、この活動が大学におけるピア・サポートの中心領域であると考えます。春限定で、新入生のための履修ガイド活動をしている大学や、一緒に昼食を食べる友人がいないという人のためにピア・カフェを開いている大学もあります。また、学部や学科の活動として、上級生が下級生のケアをするBig Brother & Big Sister活動を長く行っている大学もあります。学内にとどまらず、小学校・中学校・高等学校や地域コミュニティ、海外などへ、何らかのサービスを届ける活動もあります。こうした活動になると、「開発的水準」の活動と同様に、一般のサークル活動との境界が不明瞭になる可能性を内包している面もあります。いずれにせよ「予防的水準」の活動は、ニーズも多岐にわたりますから、実に多様なものが考えられます。

「開発的水準」にある活動では、キャリア実現のための学習会やコミュニティを耕すような活動が行われているところもあります。こうした活動の場合は、通常のサークル活動との境界が不明確になる可能性もあります。私個人としては、ピア・サポーターの集まり自体がピア・サポーターの相互支援の場であると同時に、能力開発的な活動の場であると考えています。

学生の自発的な活動なのか、それとも大学における学生支援の枠組みのなかで行われるものなのか、運営には教員や職員がどの程度かかわるのか、どのような規模で展開するのか、大学当局からの財政的支援や活動拠点の提供は期待できるのかなどで活動のありようは大きく変わるものと思われます。

4．学生の訓練の重要性

どのようなピア・サポート活動を行うかという点については、学校種が小学校から大学へと上がるほど、自分たちでコミュニティのニーズを探し出し、そのニーズに対して主体的に活動を創造していくようになります。それに比例して活動を組織する教員や職員が直接的にかかわる部分は縮小し、指導者の目から離れていくわけですから、その活動が間違った方向に進まないようにするためにも、ピア・サポーターの訓練が重要になります。同様の目的を持ったサークル活動は多くあるでしょうが、ピア・サポート活動の場合は、この訓練という部分が重要になります。

例えば「治療的水準」の活動を行った場合、ピア・サポーターが支援対象者に巻き込まれて問題が生じる可能性は十分にあります。「予防的水準」の活動の場合でも、学生は成人であるといっても、社会を十分に知っているわけではありませんので、何らかのアドバイスが必要なことも多々あります。

私自身は、大学で、支援ニーズの大きい小・中・高校の子どもたちのところへ学生たちを派遣するというピア・サポート活動を授業として位置づけていますが、同時に、年間70時間程度のトレーニング・プランニング・スーパービジョンを提供しています。多くの学生は、この授業を複数年にわたって受講します。こうした実践を通じて、特に大学のピア・サポート活動においては、アクティビティだけが重要なのではなく、トレーニングからスーパービジョンまでの一連のプロセスが重要で、それを何回も経験するなかで、学生たちは本物のピア・サポーターとして成長していくと実感しています。

5．教育としてのピア・サポート活動

私がピア・サポート活動に取り組み始めた1999年頃、私が目指していたことは、ピア・サポーターを思いやりを行動化できる人材として育成し、彼ら・

彼女らが活動することを通じて、思いやりのあふれた豊かな学校を創造することでした。しかし、実践を積み重ねるなかで、ピア・サポート活動の射程はもっと長く、広く、深いと感じるようになりました。

　大学で活動するピア・サポーターたちは数年で大学を離れ、地域社会や企業で働くようになります。ですから、もし彼ら・彼女らの活動が大学時代に限られるのであれば、ピア・サポート活動は若い時代の1つのトピックやエピソードにすぎません。重要なのは、ピア・サポーターとして活動した大学生が、その数年後には、地域社会や企業で「思いやり行動の発信基地」として活動し続けることであり、そうした人間として成長していくことです。

　そう考えれば、ピア・サポートとは学生時代だけの活動ではなく、大学のなかだけでもなく、地域や社会の手が届きにくいところまで深く入り込んでいく活動ということになります。そうした意識を持った学生を育てることが、大学におけるピア・サポート活動に必要な観点であると私は考えています。

6．MLAのゴールは

　MLAはいくつかの取組を統合した包括的教育プログラムです。そして、その中核はピア・サポート活動であると冒頭で述べました。それは、MLAのゴールは「他者と社会に貢献する人材を育てる」ことであり、この目的をダイレクトに目指す活動がピア・サポート活動だからです。

　ただ、「他者と社会に貢献する」にはそうした意識だけでは不十分で、多様なスキル、安定したパーソナリティ、幅広い視野、共感性、問題解決能力など、さまざまなものが必要になると思います。

　そのためには、ピア・サポーターたちが多様な活動を展開し、その活動の結果を持ち寄り、頭を突き合わせながらその改善策を共に考えることが重要です。そうすることで、コミュニティには多様な支援ニーズがあることを知り、他の活動をしているメンバーの報告を聴くなかでその支援は容易ではないことを知り、その解決策を共に模索するなかで、幅広い視野、共感性、問題解決能力などを身につけていくことができるからです。そして、そのような相互支援的なピア・コミュニティに長く身を置くことで、安定したパーソナリティと他者に貢献しようという意欲が形成され、他者と社会に貢献するピア・サポーターに成長できるのです。

　MLAは、包括的な取組を通じて、全人的な成長を志向します。これは大学においても重要な視点であると考えます。ただピア・サポート活動を行うのではなく、包括的・多層的な取組を通じて、長く、広く、深い射程に立ったピア・サポート活動に取り組み、他者と社会に貢献する人材を、共に育てていければと思います。

ポジティブ心理学と
ピア・サポート

菱田　準子（立命館大学）

１．人生を最も価値のあるものにするポジティブ心理学

　ポジティブ心理学は、マーティン・セリグマンがアメリカ心理学会会長の役職にあった1998年に提唱したことから始まります。人間が最大限に機能するための科学的研究であり、個人や共同体を繁栄させる要因の発見と促進を目指す学問（Seligman, & Csikszentmihalyi, 2000）です。つまり、人間の苦しみを和らげることを目標とする従来の病理を研究対象にする心理学とは大きく異なり、幸福やウェルビーイング（Well-being：よい生き方、心身ともに健康な生き方）、繁栄について研究する「人生を最も価値のあるものにすること」を目標とする心理学です。この考えが生み出された背景には、長年にわたって鬱の治療にあたってきたセリグマン自身の経験によるところが大きく、鬱の症状が寛解しても、クライエントを幸福にすることはできなかったことにあるといいます。教育の世界に置き換えて考えると、諸問題を解決することを目指す教育ではなく、それぞれの子どもたちや教職員、そして学校組織のポテンシャルを最大限に活かすことを目指す心理学といえるでしょう。

　セリグマン（2014）は、最も価値のあるWell-beingの構成要素を、①ポジティブな感情、②エンゲージメント、③ポジティブな関係・社会性、④意味・意図、⑤達成・成長の５つの頭文字をとったPERMAモデル（図１）を提唱しました。そして科学的研究に基づいた、それぞれの要因を向上させる介入プログラムを生み出しました。

　文部科学省は、「一人一人が幸福な人生を自ら創り出していくために

図１　Well-beingの構成要素「PERMAモデル」

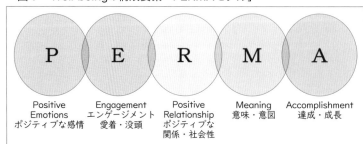

は、情意面や態度面について、自己の感情や行動を統制する能力や、よりよい生活や人間関係を自主的に形成する態度等を育むことが重要」「一人一人が社会に参画し、役にたっているというやりがいの実感と、生産性の向上による社会の活力等を、いかに実現していくか」（「教育課程企画特別部会 論点整理」「2. 新しい学習指導要領等が目指す姿」2015年）の議論を経て、2020年の「学習指導要領」の改訂へとつながりました。この"一人一人が幸福な人生を自ら創り出していく""一人一人が社会に参画し、役に立っているやりがいの実感""社会の活力"はPERMAモデルと重なりますし、ピア・サポート活動はPERMAモデルの要素をすべて満たしています。

　誰かの役に立ったり支えてもらったりすることで高揚感や感謝などのポジティブな感情（①）が生まれます。また、助け合う行為が他者や社会との良好なつながり（②と③）をもたらします。「誰かの役に立つ」という行為は美徳です。社会的にも意味あるもの（④）として認知され、自分の人生を支えます。さらに、そうした生き方が目の前の生活を通して実現し、達成感や成長感（⑤）を感じられるようになります。自分のよさや強みを実感でき、自信を持って目の前のことや夢に向かって集中し、最高のパフォーマンスを発揮する（②）ことができるようになります。ピア・サポート活動は最も価値のあるWell-beingをもたらすものだといえるでしょう。しかし、Well-beingを求めるためにピア・サポート活動をするのではありません。ピア・サポート活動のプロセスを通して得られるのがWell-beingなのです。

２．ポジティブ心理学における自他を支えるレジリエンスの力

　ピア・サポーターには、どのような資質が必要でしょうか。他者をサポートするには自己理解、他者理解から始まります。私は、自己を理解する以上に他者を理解することはできないと考えています。また、自分自身が遭遇する逆境や困難に向き合って解決していこうとする姿勢がなければ、本当の意味で他者を支援することはできないのではないでしょうか。文部科学省がこれからの時代、「情意面や態度面について、自己の感情や行動を統制する能力」が重要であると述べているように、逆境や困難を乗り越え成長するためのレジリエンスを高めていくことが必要です。このレジリエンスは打たれ強いこと、忍耐強いことではありません。回復力や逆境後に新たなものを生み出す再構成力も含まれたものです。早く回復する人もいれば長い時間をかけて回復する人もいます。ではその差は何によってもたらされるのでしょうか。

　図２が、その個人差の仕組みです。コップの水が半分ある状況を「もう半分しかない」と思うか「まだ半分ある」と思うかというたとえがあります。

図2　レジリエンスの個人差の仕組み

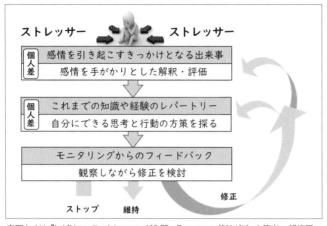

宇野カオリ『レジリエンス・トレーニング入門』Bonanno（2014年）を筆者一部修正

つまり、出来事による感情を手がかりとした解釈や評価に差があるのです。また、怒りや不安、嫉妬などの感情が、どうして湧き上がったのかを自分に問い、そのもととなる自分の願いや要求に気づけると、自分の思考や行動の方策を探ることができます。物事に対する自分のとらえ癖を知ったり、自分でコントロール可能なことと不可能なことを理解できたりすると、自分

を成長させる行動を選択し、対処のレパートリーを増やすことができます。こうしたレジリエンスの基盤となるのが6つのコンピテンシー（図3）です。このコンピテンシーが、自分自身を支えるとともに他者を支援するときに役立ちます。支援する対象がどこで苦しんでいるのか、どのような考え方をしているのか、役立つ考え方は何かをともに考え合うことができるでしょう。このコンピテンシーを高めるための介入プログラムがレジリエンス教育です。

図3　6つのレジリエンス・コンピテンシー

自己の気づき
・自分の思考、感情、行動、生理的反応に注意を払う能力

精神的柔軟性
・状況を多角的に見て、創造的かつ柔軟に考えられる能力

自己コントロール
・望ましい結果を得るよう自分の思考、感情、行動、生理的状況を変化させられる能力

強みとしての特性
・最高の強みを活用して自分の真の能力を最大限に発揮し、困難に打ち勝ち、自分の価値観に合った人生を創造する能力

現実的楽観性
・ポジティブなことに気づき、期待し、自力でコントロールできるものにフォーカスし、目的を持った行動ができる能力

関係性の力
・強い信頼関係を築き、維持する能力

宇野カオリ『レジリエンス・トレーニング入門』：ペンシルベニア大学ポジティブ心理学センターホームページ「レジリエンス・スキル」

3．大学生を対象にしたレジリエンス教育の実践より

　　50分のレジリエンスの授業を大学4回生に11セッション（表1）実施し、事前と事後にS-H式レジリエンス検査を行い、t検定の結果、優位に事後の数値が高まりレジリエンスの力が向上したことがわかりました。質問項目の

なかで「あなたは1つのことに対して、いろんな解決方法を試すほうですか」「あなたにはお手本にしたい人や、そのようになりたいと思う人はいますか」の数値が特に高くなりました。他者とかかわり、話し合うプロセスを通してモデルを見つけ、解決方法の選択肢を増やすことができたといえます。

表1　レジリエンス授業内容

1	レジリエンスとは何か
2	ネガティブ感情と心と身体の関係
3	ネガティブ感情の効用について知る
4	自分のとらえ癖を知る（ABC理論）
5	マインドセット、セルフトーク
6	未来のシナリオを描き直す
7	誰もが持っている性格的な強み
8	強みの活かし方を広げる
9	自分が大切にしていることやもの
10	自分のすごいところを知り伝え合う
11	人生への感謝

　授業の最後に、学生一人一人からレジリエンスの授業がどのような学びになったのかを語ってもらいました。それぞれが自分の課題と向き合い、さまざまな表現を通して振り返ってくれました。2名の感想を記載します。

　「自分の強みはたくさん見つけたが、ネガティブなときは見失ってしまう。そんなときは自分の強みってなんだろうと探し、甘やかすということではないのですが、自分にやさしくしていきたいと思うようになりました」

　「なぜ自分は嫌だと感じているのか、第三者的な立場で客観的に考えられるようになって早く立ち直れるようになったのかな。他者のことも、なぜ怒っているのか、なぜ悲しそうなのか、冷静に客観的に見られるようになった。そのお陰で自分がイライラしたりすることがずいぶん減ったと思う」

4．自他を支える力がWell-beingを育む

　大学生はアイディンティティを確立する発達課題を持ち、予測困難な社会に踏み出す不安定な時期です。だからこそ、他者とつながりながら自分としっかり向き合うことが重要です。究極は自分に無償の愛をそそぎ、自分の人生の主人公となることです。自分を思いやり、心から喜びを感じることに向かって歩むWell-beingな生き方そのものが他者支援となり、ピア・サポートの基盤となるでしょう。「人生を最も価値のあるものにする」ポジティブ心理学を活かし、ピア・サポート活動を展開してほしいと願っています。

〈参考・引用文献〉
Seligman, M. E. P., & M. Csikszentmihalyi (2000) Positive psychology: An introduction, *American Psychologist*, 55 (1), pp 5 -14.
セリグマン、マーティン（宇野カオリ監訳）(2014)『ポジティブ心理学の挑戦―"幸福"から"持続的幸福"へ』ディスカヴァー・トゥエンティワン
宇野カオリ（2018）『逆境・試練を乗り越える！「レジリエンス・トレーニング」入門』電波社

いじめ問題へのピア・ミディエーションとピア・サポート

池島　徳大（日本ピア・サポート学会長　元兵庫教育大学）

1．いじめ問題とピア・ミディエーションを学ぶ意義

　ちょっとしたもめごとやけんかは、日常的によく起こります。特に、学校教育現場においては、これらの問題解決に時間がかかることが多く、悩みの種となっています。しかも、先生の多忙感もあって、当事者双方の「言い分」を十分に聞かずに善悪の判断を一方的に下したり、致し方なくけんか両成敗的に対応したりしてしまう場合も少なくありません。そのため、当時者同士の問題が、指導した先生対当事者の子どもたちとの問題にすり替わり、さらには先生対保護者との問題に発展し、事後対応に相当なエネルギーを要するケースも多く見受けられます。池島（2011）は、その最大要因として、自分たちの「言い分（文句も含む）」を公平・中立的態度で「十分に聞いてもらっていない」ことが不満感拡散のスタートになることを指摘しています。

　このような状況を打破するために必要なことは、いじめに発展しないよう「もめごと問題に対する物の見方や考え方」をしっかり身につけることです。その次に必要なことは、もめごとなどの対立問題への介入スキルに習熟しておくことです。その有効な方法として開発されたのが、ピア・ミディエーションです。直訳すると「仲間による調停・仲裁」です。

　ミディエーションは、もともと司法の世界から出てきた用語です。奇しくもいじめ問題が1980年代に世界中で社会問題化したときに、学校生活で悩む子どもたちに積極的な支援ができるよう、カナダを含む北米で行われてきたピア・サポート活動の一環として、ピア・ミディエーションが導入されました。カナダにおけるピア・サポートの第一人者であるレイ・カー（Rey Carr）が、「困ったときに友人に相談することが多い」という発達上の特性を活かして、援助資源となるピアの力を活用することから始まりました（Carr, 1980）。その際、相談を受けた子どもたちが相手の話をうまく受けとめて聞くことができるように、良質なコミュニケーションスキルの学習とトレーニ

ングを、ピア・サポートおよびピア・ミディエーションプログラムとして学校教育に計画的に取り入れたのです。

2．対立（もめごと）問題のとらえ方とピア・ミディエーターの態度

Cohen（1995）は、対立（もめごと）問題について次のように述べています。

①対立（もめごと）問題は、私たちが生きていくうえにおいて自然に起こってくるもので、その問題の解決を通して、私たちに学習と成長の機会を与える。

②対立（もめごと）問題は、避けることはできないものであり、その解消の仕方を学習することは若い世代の人々にとって教育的であり本質的に重要なものである。

③学生たちは大人のアシスタントと一緒に解決できるように、他の学生と一緒になって対立（もめごと）問題にかかわることができる。

④対立（もめごと）問題を解決するためにミディエーターとなる学生に討論させていくことは、これまでよく行われてきた処罰的方法よりも、将来起こりうる問題に対する予防策や責任感を発達させるのに、より効果的な方法となる。

実際に「対立が生じるのは自然なことである」という考え方で対応すると、不思議に、当事者側に落ち着いて話し合おうとする態度が見られるようになります。さらに尊重的態度でかかわられると安心感が生まれ、自分の気持ちを正直に表現しようとする気持ちが出てくるのがわかります。人を裁くという態度で接するのではなく、対立している当事者双方に対して、和解策を見出せるように援助の姿勢でかかわるのです。どうすべきか直接教えるといった、「レスキュー（救助）的態度」で臨むのではありません。争っている両者の「言い分」をきちんと聞き、当事者双方が安心して解決策を出し合うことができる「サポート（援助）的態度」でかかわることがポイントです。

3．ピア・ミディエーションの3つの段階 "Agree" "Listen" "Solve"

筆者は、ピア・ミディエーションの3段階としてわかりやすい "Al's Formula" モデル（Brown, 2003）を採用しています。なお、日本でのピア・ミディエーションが普及しやすいように、「話し合いのルール」を3つに限定しています。

AL'S法によるピア・ミディエーション（次ページの図参照）では、「Agree：合意」「Listen：傾聴」「Solve：解決」の段階を通して、「事実」「感

図1　AL'S法によるピア・ミディエーションの進め方

(1)話し合いの3つのルールの提示 Agree：合意	①正直に自分の気持ちを話すこと ②しっかりと相手の話を聞くこと ③相手が話しているときには、決してさえぎらないこと ★うまくいかないときは、ルールを守るように注意を与える。守れたら称賛を与え、十分にねぎらう。　➡ 規範意識の形成
(2)聴き合う Listen：傾聴	①話し合いの3つのルールを守って、自分の言いたいこと（言い分）を話す。 ②「事実（内容）」「感情」「願い」を出し合って、食い違いをはっきりさせていく。
(3)解決に向かう Solve：解決	①解決していくのにいい方法はないか、考えたことを話す。 ②どうしていけばいいか、浮かんできたことを提案する。

Brown（2003）を筆者改変

情」「願い」の3つを明らかにし、合意点を探っていきます。

> ①もめている「**事実**（問題の内容）」は何か。
> ②当事者それぞれが、どのような「**感情**（気持ち）」を抱いているのか。
> ③当事者それぞれの「**願い**（どうしてほしいのか）」を聞き、それぞれの合意点を探る。

4．ピア・ミディエーションを進めるうえでのポイント

　ピア・ミディエーションの有効なかかわり方として、3点示します。なお、ここで示す具体的な場面の応答提示は、日常生活で起きたもめごと問題を逐語記録として起こし、ピア・ミディエーションの理論的側面から分析・考察を加え、教育臨床研究の成果として見出したものです。

尊重的態度で接すること

　1つ目は、ピア・ミディエーションの3段階「(1)合意」「(2)傾聴」「(3)解決」すべての場面において、常に「尊重的態度（Be respectful）」が底流に流れていることを自覚して進めることです。

　例えば、「(1)合意」の段階で「話し合いの3つのルール」が提示され、合意したにもかかわらず、「(2)傾聴」の場面で、相手の話をさえぎってしまった場面があったとします。このときの尊重的態度を具体的に明示すると、「反

論したい気持ちが出てきて、ついさえぎってしまったんだね。先ほど合意した話し合いのルール、覚えてるかなあ。相手が話を終えるまで待ってくれるかな?」というような表現になるでしょう。尊重的態度で伝えることができるかが、ポイントです。そして、相手が話し終わるまで待っていることができきたら、「よく待ってくれたね。次は君の番だよ」と称賛を与えると、規範意識を高めるきっかけになるでしょう。

　ピア・ミディエーションにおける「話し合いの3つのルール」の設定は、これからの社会の形成者となっていくために必要不可欠なスキルです。民主的な社会は、対話を通して「合意形成」していくことで成り立っていくのです。

「繰り返し技法」を使う

　2つ目は、「繰り返し技法」を多用して聞くことです。つまり、相手が表明した感情を受けとめ、できるだけ忠実に返します。「うん、うん。なるほど。そうだね」などの通り一遍の応答ではなく、相手の言ったことを、発言した内容のまま返します。繰り返し技法はシンプルですが、しっかり聞いていないと、ついこちら側の考え方を一方的に押し付けることになります。

　相手は、自分が言ったことを繰り返してもらうだけで問題解決に近づき始めるのです。トラブルの約8割が感情の問題だといっても過言ではありません、繰り返し技法は、まさに解決に導く「魔法の言葉かけ」です。

「判断保留」の姿勢でかかわる

　3つ目は、「判断保留(エポケー)」の姿勢でかかわることです。単純に善悪の判断で決めつけるのではなく判断を保留して、「この問題に対して、どうしたら解決できるかな」や「どうしてほしいのかなあ」などと、双方の「願い(ニーズ)」を引き出す姿勢で聞いていくと、「僕が一生懸命だった気持ちをわかってほしい」とか「謝ってほしい」などと、相手が何を望んでいるかが明確になっていきます。そのような働きかけは、当事者解決を進めるうえで有効なかかわりとなるでしょう。

〈参考・引用文献〉
Brown, D. (2003) Creative Conflict Resolution: A Training Manual, *The Continuous Learning Curve*, Canada.
Carr, R. (1980) Peer Counselling Starter Kit: A Peer Training Program Manual Peer Resouces, Victoria, British Columbia Canada.
Cohen, R. (1995) Student Resolving Conflict, *Good Year Books*, pp27-51, pp165-170.
池島徳大監修・著／竹内和雄著 (2011)『DVD付き ピア・サポートによるトラブル・けんか解決法!―指導用ビデオと指導案ですぐできるピア・メディエーションとクラスづくり』ほんの森出版

ブリーフセラピーと
ピア・サポート

黒沢　幸子（目白大学）

1．人は自分の人生の「専門家」

　〈すべてのクライエントは、自分たちの問題を解決するのに必要なリソース（資源）と強さを持っており、自分自身の人生の「専門家」である。〉

　ブリーフセラピーは、問題や原因論に囚われず、効果性・効率性を高めて短期間での終了を目指して行う心理療法であり、複数の有力なモデルがあります。なかでも解決志向ブリーフセラピーは、今ではその代名詞といえます。

　冒頭の言葉のように、「クライエント（人）は十分なリソース（資源）と強さを持っており、自身の人生の『専門家』である」という考え方は、解決志向ブリーフセラピーの根幹を成すものです。

　援助やサポートのプロセスにおいて、問題や原因に注目し問題の解消を目指すのではなく、リソース（資源、有るもの）や強さ（できていること）に注目して、その望む未来の状態をつくり出すことを目指すのが、解決志向ブリーフセラピーです。また、不可能なことや手に負えないことよりも、可能なことや変わり得ることに焦点を合わせていきます。

　通常私たちは、悩んでいたり困難を抱えていたりする場合、おのずと「問題は何だろう？」「なぜそのようなことになったのか、原因は何だろう？」と問題に注目し、その原因を考えます。そして、「どうやったら原因や問題を取り除いたり、なくしたりすることができるのか？」と、方法論を考えます。

　「なぜ登校するのが嫌なのか？」「どうしてうまく友達をつくれないのか？」「どんなときにうまくいかないのか？」などと、問題や原因を探求しがちです。解決志向ブリーフセラピーでは、それとは異なり、「何が好きなのか？」「興味関心があること／生き生きできることはどんなことか？」「どんなときに少しでもうまくやれているのか？」「どうなったらいいのか？」といったことをともに探求し、共感し、承認し、相手を温かく尊重して進めていきます。

2．2つの"解決"：シンプル、安全、汎用性

　　解決志向ブリーフセラピーの成立過程を知ることは、この考え方の有用性を理解するうえで、とても興味深いものです。依存症やDV等、相談意欲が低く非常に難しいケースとの膨大な面接を行うなかで、肯定的な変化が確実に生じているときに注目し、何が役立ったのかについて専門家チームで検討し、うまくいったことを蓄積したものが解決志向モデルです。

　　実践から役に立つことを抽出した結果、「問題」に焦点を合わせるのではなく、①問題が起こらないですんだときやリソース・強み、そして、②これから起こったらいいことや望んでいる未来、この①と②に焦点を合わせることが役立つと明らかになりました。このように、解決志向ブリーフセラピーは「問題」が何であるかによって左右されにくい（「問題」に依存しない）特徴を持つことから、汎用性の高いモデルとしても発展してきました。

　　また、①は「すでに起こっている解決」、②は「これから起こる解決」とも呼ばれています。この2つの解決について焦点を合わせ、質問し傾聴して理解を深め、フィードバックをすることでよい状態を手に入れていくシンプルな技法は、"ソリューショントーク"とも呼ばれます。

　　以上から、解決志向ブリーフセラピーは、病理ではなく肯定的な側面を引き出し未来の可能性に焦点を当てるもので、自己効力感や内発的動機づけを高めやすいこと、モデルがシンプルで安全性が高く、汎用性に富むことが、優れた特徴として挙げられます。また、これらの特徴から、心理教育的な1次的援助サービス（学生集団への予防開発的なアプローチ等）、2次的援助サービス（リスクを抱え始めた者への早期対応、相談の初期対応）、3次的援助サービス（援助ニーズの高い者や症状・問題が顕在化した者への回復の援助）のすべての段階に、解決志向ブリーフセラピーを用いることができます。

　　大学におけるピア・サポートは、学生による学生のための同輩支援であり、相互互助的、自助的にリソースを活かしあい成長を担う活動です。相談にのるだけでなく、集団プログラムやグループ活動など幅広い活動形態を持ちます。解決志向ブリーフセラピーの「クライエント（人）は十分なリソース（資源）と強さを持っており、自身の人生の『専門家』である」という考え方、および上記の特筆すべき特徴は、学生のピア・サポート活動にもフィットする有用なモデルであり、実践場面で活用する価値があります。ぜひ、その基礎を身につけることをおすすめします！

　　それでは、①「すでに起こっている解決」を確認し、②「これから起こる解決」をつくっていくための、基本的な技法について解説しましょう。

3．自他の多様な“リソース”を見つける

　これから起こる解決（望んでいる状態）をつくるために欠かせない材料が“リソース”（resource）です。リソースは資源ですが、「有るもの」「使えるもの」「役に立つもの」のことです。「無いもの」はリソースにはなりません。リソースは特別なものでなくともよく、当たり前のこともリソースです。

　リソースには、内的リソースと外的リソースがあります。内的リソースは、好きなこと、興味関心、得意なこと、趣味、頑張っていること、売り、強み、耐える力、容姿など。外的リソースは、支え、助け、友達、家族（親、きょうだい、祖父母）、先生、学校行事、知人、地域、専門機関、ペットや宝物などです。自己発見や相互理解のためには、リソースを書き出したり、尋ね合い肯定しあうリソース探しのグループワークなどが役に立ちます。「自分にはこんなリソースがある」とわかることは、その後のよい変化をつくっていく原動力にもなります。

4．“例外”は必ずある！

　リソースを見つけるためにも、最も重要な切り口となるのが“例外”です。例外とは、問題が起こらないですんだとき、少しでもうまくいったとき、ましだったとき、続いてくれたらよいことなどです。例外は必ずあります。“成功の実例”ともいえるもので、例外は希望をつくります。

　「その問題が少しでも悪くなかったときのことを話してもらえますか？」

　「（授業に遅刻ばかりしていても）遅刻しないで来た日はいつですか？」

　「緊張しないで友人に話しかけていたときのことを話してもらえますか？」

　例外の実例が見出されたら、「どうやってできるようになったのですか？」「どうやってそれが起こったのですか？」「何が役に立ったのですか？」といった“成功の責任追及”の質問をします。また、重要な他者の視点を用いた“関係性の質問”をすることも、青少年にはとても役立ちます。「親友は、あなたがどうやってやったとわかる／言うでしょうか？」などと。

　例外がうまく引き出せないときには、“コーピング・クエスチョン”を使うことができます。不安や苦痛に満ちていても、今まで何とかやってきた強さ・リソース・信念に目を向ける質問です。「（そんな大変な状況に）どうやって対処して（生き抜いて）こられたのですか？」などと。

　例外からリソースを引き出し、そこから今後もよい状態を増幅できるようにして“解決”をつくっていきます。

5．これから起こる "解決"（望む未来の姿）を描く

　望んでいる未来や解決の状態について質問し、「自分はこんなふうになっている」と解決像を具体的に描くことによって、次々と必要なこと（ゴール／目標）がわかり、解決に結びついていきます。まず、望みを引き出す質問として、小さな違いを質問することができます。「少しずつどんなことが変わるといいですか？」「その代わりにどうなるといいのでしょうか？」「どんな違いが生まれればいいですか？」などと。

　最も望んでいることや最高の状態を聞くことは、解決志向の真骨頂です。「最も望んでいることはどんなことですか？」「明日が最高の一日になっていたら／問題がすっかり解決したら、どのように過ごしていますか？」。有名な "ミラクル・クエスチョン" は、今晩寝ている間に奇跡が起こり、問題が解決したら、明朝は何から気づき、どんな一日になるかを問います。

6．万能に使える "スケーリング・クエスチョン"

　10段階で評価しながら、現在の状態とリソースを見出し、一歩先のゴール／目標を話し合うものです。減点法ではなく、加点法の発想で行います。

　①「1から10の間で、10がとてもよい状態、1がとても残念な状態（最悪）なら、今はいくつですか？」②「その点数分は何があるからですか？」③「その点数を維持するために役立つことは何ですか？」④「点数が＋1になったら何から気づきますか？　どんな状態で今と何が違っていますか？」⑤「＋1の状態になっているのにどのようなことが役立っていますか？」

　大学やサークル等でも使えます。10点満点ならどんな状態なのか、今は何点で何が達成できているのか、1歩進むと何が違うのか、学生ができることは何かをみなで考えることで学生が望み誇れる大学づくりにつながります。

7． "コンプリメント" が命

　望む未来に向けて役立つリソースをフィードバックすることが重要です。ほめる、称賛し承認し、敬意と謝意を表し、ねぎらい励まし、応援することのどれもがコンプリメントです。直接的に言葉や表情・態度で伝えたり、間接的に "コーピング・クエスチョン" などの質問をすることで表現します。

〈参考文献〉　森俊夫・黒沢幸子（2002）『〈森・黒沢のワークショップで学ぶ〉解決志向ブリーフセラピー』ほんの森出版

海外の大学におけるピア・サポートの理論とプログラム

西山　久子（福岡教育大学）

1．海外でのピア・サポートと学生支援（Student Support）

　　若者の多くは、発達段階の進展に沿って他者とのかかわりを深めていきます。成長に伴い、仲間支援の方法を学び試行する段階から、主体的・応用的に仲間支援を行う段階へとプログラムが展開していく傾向は、海外の実践でも同様です。大学でのピア・サポートの諸活動は大別して7種類（図1）に分類できます（西山、2009）。指導者のもとでの活動もありますが、初等中等教育段階以上に、主体性のある取組が行われる傾向があります。

　　アメリカでは中等教育段階で広く「ピア・ヘルピング」などと呼ばれる取組があります。仲間支援の指導者の協会（NAPPP：National Association of Peer Program Professionals）も設置され、指導に携わることの多い米国スクールカウンセラー協会（ASCA：American School Counselor Association）とも強固な連携がもたれています。アメリカの高等教育には、そうした仲間支援の基盤があるのです。

図1　大学でのピア・サポート活動の7分類

大学のピア・サポート活動		
	相談活動	ピア・カウンセリング中心。より相談的要素が濃い傾聴活動
	対立解消	ピア・ミディエーション活動。または葛藤調停（コンフリクト・レゾリューション）
	仲間づくり	バディ活動（Be Friending）中心。入学直後の新入生のサポートグループ等の活動
	アシスタント	ピア・アシスタント。教育活動の補助。新入生オリエンテーション等での案内
	学習支援	ピア・チューター中心。先んじて学んだ学習の得意な学生が仲間に教える
	指導・助言	ピア・メンター中心。後輩へのアドバイス。メンタルヘルス増進の啓発やクラブ活動など
	グループリーダー	小集団のグループ活動のリーダー。サークル等の協議の取り仕切りやまとめ役等

西山（2009）をもとに修正

　また、カナダでは、高等教育段階でも「ピア・サポート」の名称の付いた活動ばかりではなく、学生支援（Student Support）にピア・サポートの要素を含めた実践となっています（第2部実践編10参照）。

特に海外の大学等での取組は、発展性が高く、運営が学生の自治によるものも多く見られ、独自の名称などをつけた活動もありますが、本稿では名称に限定せず仲間支援をすべてピア・サポート活動とします。

（1）海外の大学における学生支援機能

海外の大学でのピア・サポート活動は、大学の学生支援と関連して実施されるのが一般的です。マネジメントの面で分けると、以下の3つに分けられます。それぞれ具体的な取組の例を示します。

①**専門家や支援者および関係職員の監督・管理のもとでの無償の活動**：教員等の監督のもと、学内の相談室で、カウンセリングを学ぶ大学院生がカウンセリングを行う／新入学留学生向けオリエンテーションで、上級の留学生が支援を行う／など

②**大学等の予算で行われる有償の活動**：学内「ライティングセンター」等で、教員等の指導のもと、レポートなどの課題の文章を校正する支援を行う／学内イベントのアシスタントとして行事の進行を補助する／など

③**学生による自発的な活動**：大学の自治活動でのキャプテン等がリーダー・先輩として仲間を支援する／薬物予防・自殺予防など目的を定めた活動に賛同する学生によって企画された啓発活動／など

（2）海外の大学における学生支援の特徴

学生支援に基づくピア・サポート活動および関連領域を内容面で整理すると、アカデミック・心理支援・アクセシビリティ・生活・キャリア・その他の6領域に分類できます（表1）。日本の大学でも行われているものが多いなか、宗教や社会的マイノリティの仲間支援など、多様な文化的背景を持つ者が集まる海外の大学特有の活動もあります。

表1　大学でのピア・サポート活動の6領域

領　域	内　容
アカデミック領域	学習支援、ティーチングアシスタント、教科領域チューター（例：数学・ライティング）
心理支援領域	学生相談室等による行事（新編入学時等）、メンタルヘルスに関する研修、学生カウンセリング
アクセシビリティ領域	障害学生への支援、ノートテイク、ソーシャルスキルトレーニング
生活領域	経済的支援、留学生支援（言語とコミュニケーション）、メンタルヘルス増進、社会的リソース紹介
キャリア領域	キャリア支援、就職支援、自己理解
その他	異文化理解などの支援、課外活動支援、留学生支援、宗教的背景をともにする仲間の適応支援

2．海外の大学におけるメンタルヘルスを中心としたピア・サポート活動

（1）大学におけるピア・サポートの必要性

アメリカにおける56大学、20万人以上の大学生を対象とした調査による

と、40％以上の学生が在学中に抑うつ症状を経験し、その３分の１しかケアにつながっていないと言われています（Greenbaum, 2018）。自死をはじめとするメンタルヘルスの課題は、学生生活を脅かすリスクファクターです。

　アメリカの大学にも学生相談室などの相談機能があり、専門家による支援体制が整っています。しかし、「大学生が最も早い段階で頼る相手は、専門家より友人である」との研究成果は、複数の実践研究者が述べています。困難を抱える学生が専門家に直接相談に行くには多くの躊躇があるのです。よって、支援者が行うべきことは、仲間となる学生の支援力を高め、多様な対象や場面に対し仲間支援の構造をつくり、専門家支援との間接的な接続や専門家へのリファーを行うことを想定した支援体制づくりになると考えます。

（２）大学レベルでのピア・サポートプログラム導入のガイドライン

　大学等での多様なピア・サポート活動に関しては、標準化の動向もあります。初等中等教育でもピア・サポート活動が盛んなカナダのブリティッシュコロンビア州では、ボランティア学生によるピア・サポートプログラム導入の要点を以下の９項目にまとめています（CMHA, 2017）。これらの項目は、日本の大学においても、活動導入の際の参考になるのではないでしょうか。

①**Model of program（導入するピア・サポートプログラムの枠組みづくり）**：「支援計画と手順が構造的にガイドライン化されたサポート」「支援内容のみがガイドライン化されたサポート」「支援の方法・場面・時期・状況に応じ臨機応変に行われるサポート」のいずれかのプログラムの枠組みレベルから適切なものを選ぶ。学生は、ピア・サポート対象者のメンター、アドボケーター（代弁者）、（適切な支援への）連携者であり、専門的支援や教育にいざなう役割を担う。プログラムは、学生主体の運営で、個別支援、小集団での継続支援、研修形式の集団支援などがある。

②**Space（ピア・サポート実施の場づくり）**：適切な支援には、内容に合った物理的距離があることが有効である。個別支援ではプライバシーを保てる場所、メンタルヘルス（心の健康）増進など多くの学生に向けた支援ではアクセスしやすい場所が必要。継続的支援とイベントを行うなど単発の支援でも、必要なスペースは異なるため、内容の検討が求められる。

③**Training procedures（ピア・サポート研修）**：ボランティアによるピア・サポート活動が安定した支援となるには研修が重要で、それぞれの活動に適した研修を行う。ピア・サポート研修経験者のフィードバックを反映させたり、実際に研修に参画したりしてもらうことも有効。

④**Empowering volunteers（ピア・サポートボランティア学生のエンパワー）**：適切なピア・サポート研修を実施し、ボランティア学生の疑問や意見に適切に応え、メンタリングや振り返りを組み込むことで、学生の意

識がさらに高まり、支援者の自尊感情にもよい影響を及ぼすことになる。

⑤**Protecting volunteers and students（援助者と被援助者の保護）**：ボランティア学生とサポートを受ける学生をともに守ることは優先事項である。学内の相談室等と連携し、サポート役の学生に活動の意義やどの段階で専門的支援につなぐかを伝え、活動後に振り返り、必要な監督を行う。

⑥**Student engagement（プログラムの周知）**：メンタルヘルスの増進を目的とするピア・サポートプログラムの周知に向け、学内の多様な活動と連携し、一般学生にアプローチする。プログラムの広報担当により、学内イベント等の機会を利用し、心の健康の重要性や活動内容の周知を行う。

⑦**Changing campus culture（大学の風土の変革）**：ピア・サポート研修にアドボカシー（困難を抱える人の声を伝える）機能を促進させる内容を含めることは、偏見を正し、心の健康増進への理解を深めることになる。また、学内広報活動と連携して、学内に広くメンタルヘルスの理解増進を図ることは、大学風土の変革につながる。

⑧**Evaluation（各活動と全体の評価）**：適切なプログラム評価は重要な視点である。ピア・サポート活動の方向性が本来の方針に基づいているか、個々の活動と活動全体の内容・方針の両方を検討する。

⑨**Sharing information（情報共有）**：オンラインや対面などで、ピア・サポート活動のプログラムのポリシー・目的・研修内容・支援形態・支援者の条件などをあらかじめ関係者で共有しておく。

これらの項目は、初等中等教育のピア・サポート活動にも当てはまるものがあります。一方、大学においては、活動のまとめ役・広報役など、学生として高次の主体性が求められる役割も少なくありません。

わが国の初等中等教育が依拠する現行の学習指導要領では、社会的自立を目指す方針が明確になっています。それに続く大学・短期大学・専門学校・高等専門学校などの高等教育レベルは、自らが必要とする活動を見出し、それに自身の得意なところを活かしたり、災害など喫緊の課題では必要な活動に従事することを申し出たり、さらに多様な年齢・領域の人々ともかかわりを持ち、より自発的な社会的活動を行う段階といえます。大学は自発的活動・監督下の活動のいずれに対しても、一定のモニタリングを行いながら、必要な支援をすることが求められます。

〈引用・参考文献〉

Canadian Mental Health Association British Columbia Division（CMHA）(2017) A guide to peer support programs on post-secondary campuses – Ideas and Considerations.

Greenbaum, Z. (2018) Student helping students, *monitor on Psychology*, 49（10）, American Psychological Association, pp22.

西山久子（2009）「ピア・サポートの歴史—仲間支援運動の広がり」中野武房・森川澄男編『ピア・サポート—子どもとつくる活力ある学校』（『現代のエスプリ』No. 502）ぎょうせい、30-39頁

おわりに

　ピア・サポートは、移民を多く受け入れてきたカナダ、アメリカ、イギリス等の欧米諸国で、1970年代以降、有効性について実践や研究が進み、現在は日本や中国などのアジア諸国へも広がりを見せています。日本においては、2000年代以降に、ピア・サポート活動の実践や研究が進展してきました。

　日本でのピア・サポート活動が進展し始めて約10年後、2011年3月11日、東日本大震災が起こりました。そのとき、いち早く中国や韓国の救援隊が被災地に向かったこと、アメリカ軍は三陸沖に空母を派遣しヘリポートの基地を提供してくれたこと、また、その直前に震災を被ったばかりのニュージーランドからも支援が来たこと等、世界各国から多くの救援が日本に届いていることを、私は日本から遠く離れたカナダの地で知りました。地球人とは何か、地球上にともに生きるとは何か、そしてピア・サポートとは何かをもう一度立ち止まって考えさせられる機会となりました。

　東日本大震災から約10年、ちょうどこの「おわりに」を書いている最中に中国で新型コロナウイルスの感染拡大が始まり、日本も含め今や世界のあちこちで感染拡大が起こっています。2014年に中国から留学生として私が所属する大学に入学し、大学院時代にピア・サポートを学び、被災地での活動をともにした学生たちがいます。大学院修了後は、ピア・サポート・トレーナーとして中国の大学で大学生にピア・サポートトレーニングを実践しています。その修了生から以下のようなメールが届きました。

　「新型コロナウイルスの感染拡大で混乱している中国です。混乱のなかで、日本からマスクなどの支援物資が届いています。日本も予防のためのマスクが不足していると聞いています。本当に必要としている国に届けたいという日本人のピア・サポートの心を中国の人たちは喜んでいます。私は今、大学で中国の学生たちに、日本のピア・サポートの心を伝えています。大学院でピア・サポートを学んで本当によかった！」「先生、京都から中国に届いた支援物資の箱に、『青山一道雲雨、明月何曾是両郷』と書かれたメッセージが添えてあったそうです。このメッセージの意味を先生はわかりますか？　『雨も風も乗り越えてきた仲間は、たとえ遠く離れていても、同じ空で同じ月を眺めています』という意味です。先生が教えてくれた、ピア・サポートの意味が今、よくわかります」と。

　大学でのピア・サポート活動の研究や実践は、本著で紹介されているように各大学で試行錯誤しながら、それぞれに種まきを終え、小さな芽が出始めたところです。ピア・サポート活動の今後の成長にご期待あれ！　そして、本書を読んでくださったみなさん、一緒に研究し、一緒に実践していきましょう！

2020年4月　　　　　　　　　　　　　　　　　　　　　　　増田　梨花

【執筆者一覧】（50音順）＊所属・肩書きは初版発行時

池　雅之（いけ　まさゆき）高知工科大学共通教育教室教授（編集・第1部3・第2部4）

池島徳大（いけじま　とくひろ）日本ピア・サポート学会長　元兵庫教育大学大学院特任教授（第3部6）

枝廣和憲（えだひろ　かずのり）福山大学人間文化学部心理学科准教授（第2部8）

懸川武史（かけがわ　たけし）群馬大学名誉教授　東群馬看護専門学校長（第2部3）

春日井敏之（かすがい　としゆき）立命館大学大学院教職研究科教授（編集・はじめに・第1部1・第3部1）

上西　創（かみにし　はじめ）仙台城南高等学校スクールカウンセラー（第2部6）

栗原慎二（くりはら　しんじ）広島大学大学院人間社会科学研究科教授（第3部4）

黒沢幸子（くろさわ　さちこ）目白大学大学院心理学研究科特任教授（第3部7）

高野　明（たかの　あきら）東京大学相談支援研究開発センター准教授（第2部5）

高野利雄（たかの　としお）群馬パース大学客員教授　教師学上級インストラクター（第3部2）

西川大輔（にしかわ　だいすけ）宇治市立東宇治中学校教諭（第2部7）

西山久子（にしやま　ひさこ）福岡教育大学大学院教育学研究科教授（第2部10・第3部8）

河　美善（は　みそん）東京大学教育学研究科（第2部7）

菱田準子（ひしだ　じゅんこ）立命館大学大学院教職研究科教授（第3部5）

袋地知恵（ふくろち　ちえ）東北工業大学ウェルネスセンターカウンセラー（第2部6）

増田梨花（ますだ　りか）立命館大学大学院人間科学研究科教授（編集・第1部2・第2部10・第3部3・おわりに）

松下　健（まつした　たけし）北陸学院大学人間総合学部社会学科准教授（第1部4・第2部9）

松田優一（まつだ　ゆういち）学校法人関西大学職員　関西大学大学院ガバナンス研究科
　　　　　（第1部3・第1部4・第2部1）

山田日吉（やまだ　ひよし）岐阜県公立学校スクールカウンセラー　岐阜大学非常勤講師（第2部2）

【編著者紹介】

春日井敏之（かすがい　としゆき）立命館大学大学院教職研究科教授

日本ピア・サポート学会研究調査委員長、学校心理士。1990年代から地域で「不登校の親の会」を立ち上げ、「登校拒否・不登校問題全国連絡会」世話人を務める。2000年代から学校現場で教職員と共にケース会議を重ね、現在は毎月5か所で継続している。同時期に大学ではインターンシップの授業を開講し、学生が児童館や単位制課程高校に支援に入っている。これらは、ピア・サポート実践研究の原点となっている。主著は、『思春期のゆらぎと不登校支援』（ミネルヴァ書房）、『ひきこもる子ども・若者の思いと支援』（編著、三学出版）など多数。

増田梨花（ますだ　りか）立命館大学大学院人間科学研究科教授

日本ピア・サポート学会理事、博士（臨床心理学）、臨床心理士、ピア・サポート・コーディネーター。カナダやイギリス、香港の研究者らと絵本と音楽を活用したピア・サポートの研究を行っている。YouTubeチャンネル「絵本ジャズ」で、香港の絵本作家と共同で絵本『マスクマン　ロッキー』を制作するなど実践を配信中。主な著書に『絵本とともに学ぶ発達と教育の心理学』（晃洋書房）、『増補版 絵本を用いた臨床心理面接法に関する研究』（晃洋書房）など。

池　雅之（いけ　まさゆき）高知工科大学共通教育教室教授

日本ピア・サポート学会理事、高知工科大学健康管理センター長、高知県臨床心理士会会長、臨床心理士、公認心理師。高知県教育委員会でのピア・サポート活動実践研究事業や、高知県内の大学、高等学校、中学校、被害者支援、難病相談、いのちの電話などでピア・サポート活動を推進。四国初の「日本ピア・サポート学会」第18回総会・研究大会（高知大会）の開催に力を注ぐ。『やってみよう！ ピア・サポート』（ほんの森出版）ほか、論文・分担執筆多数。

＊日本ピア・サポート学会への入会希望や諸連絡は、日本ピア・サポート学会のホームページからお願いします。 日本ピア・サポート学会 検索

大学でのピア・サポート入門　始める・進める・深める

2020年10月20日　第1版　発行

企　画　日本ピア・サポート学会
編　著　春日井敏之・増田梨花・池　雅之
発行人　小林敏史
発行所　ほんの森出版
　〒145-0062　東京都大田区北千束3-16-11
　Tel 03-5754-3346　Fax 03-5918-8146
　https://www.honnomori.co.jp
印刷・製本所　電算印刷株式会社